AF311722

LES

GISEMENTS DE MÉTAUX PRÉCIEUX

Des États et des Territoires du Pacifique

ÉTATS-UNIS

VERSAILLES. — IMP. CERF, RUE DU PLESSIS, 59.

LES GISEMENTS

DE

MÉTAUX PRÉCIEUX

DES

ÉTATS ET DES TERRITOIRES DU PACIFIQUE

(ÉTATS-UNIS)

PAR

ÉMILE SOULIÉ

Ingénieur civil, ancien élève de l'École des Mines

———※———

PARIS

LIBRAIRIE SCIENTIFIQUE, INDUSTRIELLE ET AGRICOLE

EUGÈNE LACROIX, ÉDITEUR

Libraire de la Société des Ingénieurs civils

6, QUAI MALAQUAIS

—

1866

Tous droits réservés.

LES GISEMENTS

DE

MÉTAUX PRÉCIEUX

[illegible]

Si l'on jette les yeux sur une carte des États-Unis
d'Amérique, imprimée en France il y a une quinzaine
d'années, on remarquera que la portion de la répu-
blique américaine comprise entre la Sierra Nevada et
les montagnes Rocheuses est laissée en blanc sur la
carte : on n'y trouve d'autres indications que celles
des grandes chaînes de montagnes, des principales ri-
vières et de quelques lacs : il n'existait là, à cette
époque, aucune ville, aucun village, en un mot, aucun
établissement indiquant que ce pays fût habité, si
l'on en excepte toutefois l'établissement des Mormons
sur les bords du Grand Lac Salé. Ce pays était alors
fréquenté par des tribus d'Indiens qui empêchaient
toute tentative d'établissement isolé.

Les choses ont bien changé depuis : ces immenses
déserts se sont peuplés, et le grand bassin compris
entre les montagnes Rocheuses et la Sierra Nevada
est maintenant couvert de villages et de petites villes :

la civilisation a chassé les Indiens ; le sol a été divisé conformément aux lois de l'Union, et nous trouvons maintenant là, en allant du nord au sud, les Territoires de Washington et de Montana qui sont limitrophes des possessions anglaises ; au-dessous l'Etat d'Oregon et le Territoire d'Idaho, dont le premier forme la limite nord de la Californie : viennent ensuite l'Etat de Nevada contigu à la Californie, et les Territoires d'Utah et de Colorado situés à peu près à la même latitude ; enfin le Territoire d'Arizona borné à l'ouest par la Californie, et le Territoire du New-Mexico contigu à celui d'Arizona et formant avec lui la limite nord du Mexique. Tous ces pays sont situés entre le 32ᵉ et le 48° degré de latitude. Ils font partie de ce que l'on appelle aux Etats-Unis le Far-West (l'ouest éloigné) (¹).

Les deux Etats de Nevada et d'Orégon ont été créés récemment : ils n'avaient existé jusqu'à présent qu'à l'état de Territoires (²) : ce fait montre le mouvement

(¹) Voir la Carte jointe à cette Étude. Une partie des éléments qui ont servi à tracer cette carte ont été pris dans l'*Atlas général de géographie* de M. Dussieux. M. J. Lecoffre, l'éditeur de cet atlas, a bien voulu nous autoriser à lui faire cet emprunt.

(²) Les *Territoires* sont des régions peu peuplées et qui, n'ayant pas le nombre d'habitants voulu pour envoyer des députés à la Chambre représentative et au Sénat des États-Unis, sont administrés par des gouverneurs. Quand un territoire est devenu assez peuplé pour avoir le droit d'être représenté à la Chambre et au Sénat, il est élevé au rang d'*État* et les limites de l'État sont déterminées de façon à englober la population qui a donné lieu à sa formation. On sait que les États ont leur propre législature et une administration tout à fait

considérable de population qui s'est produit vers ces
contrées. La cause principale de cette rapide transfor-
mation a été sans contredit la découverte récente de
gisements d'or et d'argent qui font de ce pays un des
plus riches en métaux précieux que l'on connaisse

La surface des Etats et des Territoires que nous
venons d'indiquer n'est pas moindre de 1600 kilomètres carrés (¹) : il y a donc là un champ de recherches immenses, des ressources pour une nom-
breuse population de mineurs et des sommes considérables à gagner pour les exploitants. Un grand nombre
de compagnies se sont déjà organisées aux Etats-Unis,
pour l'exploitation de ces mines : plusieurs d'entre
elles sont en pleine activité, et leurs mines en plein
rapport, de sorte qu'elles peuvent distribuer des divi-

autonome, à la condition, bien entendu, de se soumettre aux lois
générales de l'Union.

Les Territoires de Colorado et de New-Mexico demandent actuellement à être élevés au rang d'États.

(¹) Nous avons transformé toutes les mesures anglaises en mesures
françaises en admettant les valeurs suivantes :

Le mille	=	1,600 »	mètres.
Le pied	=	» 30	centimètres.
Le dollar	=	5 »	francs.
La livre anglaise	=	» 453	grammes, et par suite
la tonne de 2.000 livres	=	906 »	kilogrammes.

Nous avons rapporté tous les prix à la tonne française de 1.000 kil. :
le dollar a une valeur un peu plus considérable que celle que nous
avons adoptée, mais c'est là un chiffre rond qui simplifie les calculs et
qui permet de retrouver facilement les chiffres originaux.

dendes réels à leurs actionnaires : sur d'autres points les travaux sont bornés simplement à des recherches.

Il serait assurément trop long d'exposer ici tous les travaux qui ont été faits en vue de l'exploitation de ces gisements et de donner la description détaillée de chaque district minier; les documents manqueraient d'ailleurs pour faire un semblable travail : mais il nous a paru intéressant d'appeler l'attention sur ces découvertes récentes et peu connues. Nous allons donc examiner successivement et rapidement la situation des principaux de ces districts de mines, et les moyens qui existent pour leur exploitation; nous exposerons ensuite les conditions dans lesquelles se présentent les filons, la manière dont on les a attaqués, la nature des minerais qu'ils renferment, le rendement de ces minerais; nous indiquerons enfin les traitements métallurgiques, au moyen desquels les exploitants ont jusqu'ici cherché à extraire les métaux que renferment ces minerais.

I

SITUATION GÉOGRAPHIQUE DES GISEMENTS

MOYENS DE TRANSPORTS

RESSOURCES LOCALES

Nevada. — C'est en 1859 que fut découvert le filon argentifère de Comstock ; il est situé dans le comté de Washoe, État de Nevada. Ceux qui l'avaient découvert furent induits en erreur sur sa valeur par l'aspect noir et sulfureux du minerai qu'il renfermait et s'en débarrassèrent promptement. C'est là la première mine d'argent, digne de ce nom, qui ait été découverte aux États-Unis (1). Abandonné en quelque sorte par ses premiers propriétaires, ce filon fut plus tard repris et exploité par une riche compagnie : la mine de *Gould*

1. *The mineral resources of the Pacific States and territories* par Thos. Wm. M. Stewart, sénateur des États-Unis, New-York, 1865.

et Curry, située sur cette veine, a eu aux États-Unis une réputation énorme ; le filon était cependant plus remarquable par sa grande étendue que par sa richesse. Ce filon a produit pendant l'année 1864 une valeur de 120.000,000 francs ([1]).

Quelque temps s'écoula après la découverte du filon de Comstock sans que de nouvelles recherches fussent entreprises ; ce n'est guère qu'en 1863 que de nouveaux travaux d'exploitation furent faits dans le Nevada : ils eurent lieu vers le point où existe actuellement la ville d'Austin, et amenèrent la découverte de mines d'argent : ces mines sont assez nombreuses ; elles constituent le district minier de Reese River et sont situées dans des chaînes de montagnes attenant au bord oriental de la Sierra Nevada. Austin, qui devint le centre de ce district, est situé à environ 272 kilomètres de Virginia City. Ce seul district expédie mensuellement des lingots représentant une valeur de 875,000 à 1,000,000 francs.

Il existe dans l'État de Nevada plusieurs autres districts miniers, tels que celui de l'Union (Union district), de Mammoth, de Mountains Wells, de Pine Woods, etc. : parmi les montagnes où se trouvent les filons, plusieurs sont assez élevées pour porter des neiges perpétuelles. Un fait digne de remarque, c'est

---

([1]) 24,000,000 dollars. « *The silver districts of Nevada.* » New-York, 1865.

que les mines d'or se trouvent principalement à l'Ouest des montagnes de Nevada, tandis que, à l'Est, les minerais d'argent sont prédominants; outre ces deux métaux on trouve dans le même État, au S.-E. du comté de Lyon, près de Walker River, de riches dépôts de cuivre en couches de $0^m.60$ à 6 mètres d'épaisseur, contenant également de l'or et de l'argent. D'après les essais qui en ont été faits, leur teneur en cuivre varie de $\frac{2}{100}$ à $\frac{12}{100}$; leur rendement en argent varie de 82 fr. 77 c. à 165 fr. 54 c. par tonne (1). Leur étendue paraît être très-considérable, mais il est impossible d'indiquer rien de précis à cet égard, les études de ces gisements de cuivre étant fort incomplètes. Le même État contient en outre des sources de pétrole et des couches de sel dans le voisinage des mines d'argent. Ces dernières sont situées à une distance moyenne d'environ 760 kilomètres de la côte du Pacifique et dans la chaîne des monts Toiyabe, c'est-à-dire dans le prolongement de la ligne où se trouvent les plus riches mines du Mexique.

Un ingénieur des mines américain, M. A. Blatchly, a examiné sur place les différents filons du Nevada, et dans un rapport fort intéressant (2) il a donné des in-

(1) Dans tous les documents où nous avons puisé les éléments de cette étude, les rendements des minerais en métaux, d'après les essais faits aux États-Unis, sont indiqués en *dollars* et non en *poids*.

(2) « The silver districts of Nevada. » New-York, 1865. — Le

dications sur les plus importants d'entre eux. La surface du pays est formée de montagnes plus ou moins
élevées: les plus basses d'entre elles sont couvertes de
gazon du côté Nord et d'arbres à leur sommet: le gazon
n'est pas très-abondant et les arbres sont assez épar-
pillés: ce sont des pins de petite taille qui constituent
une précieuse ressource pour l'exploitation des mines
et pour le traitement des minerais, le combustible minéral faisant complétement défaut : les vallées les plus
grandes et le côté Sud des collines sont couverts de
sable qui ne produit pour ainsi dire aucune végétation ;
une circonstance singulière, c'est que toutes les riviè-
res du Grand-Bassin dont Reese River est le centre,
se perdent dans le sable, à l'exception du Rio Colorado.

Il importe de faire remarquer que toutes les découvertes de mines dans la région dont il s'agit ont été
faites pour ainsi dire au hasard, par des hommes auxquels les connaissances techniques faisaient défaut et
qui, par cela même, dépensèrent des sommes considérables : il ne faut pas perdre de vue non plus que
ces découvertes furent faites pour la plupart pendant
la guerre qui ravageait l'Union américaine, c'est-à-
dire à un moment où l'attention publique était tournée
d'un autre côté et où les capitaux étaient rares. On se

rapport de M. Blatchly est publié en partie dans cette étude sur les
mines d'argent du Nevada; il a été fait en avril 1865.

rendra cependant compte de l'importance de ces travaux en observant que Virginia-City, qui est la ville principale du Nevada, n'existait pas en 1859, et que le recensement officiel de 1860 évaluait la population entière de l'État à 17.000 habitants ; or Virginia-City est actuellement la ville la plus importante de la côte du Pacifique après San Francisco [1], et le comté de Washoe, dans lequel elle est située, ne compte pas moins de **20.000** habitants.

Arizona. — Le Territoire d'Arizona est peut-être plus heureusement situé que l'État de Nevada. Il est plus voisin du Pacifique que ce dernier ; en outre, il arrive presque jusqu'au golfe de Californie, et il est traversé, dans une grande partie de son étendue, par le Colorado qui constitue, jusqu'à présent, la plus grande ressource pour tous les transports de cette vaste région. Ses richesses minérales sont connues depuis quelques années, mais d'autres régions ont attiré l'attention publique et ont appelé les capitaux dans une autre direction. Les districts miniers sont moins nombreux dans ce Territoire que dans l'État précédent, il faut citer le district des mines de Potosi, qui est situé dans l'angle N. E. de ce Territoire ; le district du Colorado, qui renferme principalement des mines d'or et, au Sud-

[1] *The silver districts of Nevada.*

Est, le district des mines de cuivre; un nouveau district a été récemment découvert, qui promet d'être
l'un des plus riches du Territoire, c'est le district de
Wauba-Yuma : il est situé tout près du fleuve Colorado, près de Hardyville et du fort Mohave, à proxi-
mité du passage connu sous le nom de *Beal's Crossing*
qui permet de traverser le fleuve pour gagner la rive
du Pacifique. Ce pays est traversé par des cours d'eau
nombreux qui fournissent assez généralement la force
nécessaire aux exploitations, c'est-à-dire aux prépa-
rations mécaniques à faire subir aux minerais, et de
plus on trouve là en abondance des bois de différentes
essences. Les mines de ce district sont principalement
argentifères : cependant on rencontre fréquemment de
l'or à leur surface. On a déjà découvert, dans le district de Wauba-Yuma, seize filons : leur puissance
varie de 2^m.40 à 18 mètres, mais, pour le plus grand
nombre, la puissance ne dépasse pas 4^m.50 : quelques-
uns d'entre eux renferment à la fois de l'or, de l'argent et du cuivre.

M. Charles D. Poston, délégué au Congrès-Améri-
cain du Territoire d'Arizona, dit dans une lettre adres-
sée au directeur d'une compagnie minière de ce district, que le Colorado est navigable toute l'année
jusqu'à Hardyville, que des bateaux à vapeur circulent
régulièrement entre ce point et l'embouchure du fleuve
et que pendant quelques mois de l'année ils peuvent

même remonter 16 kilomètres plus loin. Le district
de Wauba-Yuma est situé de 32 à 48 kilomètres à
l'Est du fleuve Colorado. « Sa richesse, dit M. Poston.
» est encore peu connue au dehors du Territoire d'A-
» rizona : mais la grande étendue de ses filons et la
» régularité de sa formation, jointes à la richesse des
» minerais de la surface qu'on y trouve, donnent toute
» raison de croire qu'il prendra bientôt rang parmi
» les districts miniers les plus riches du monde. C'est
» l'opinion qui a été émise généralement par tous les
» hommes compétents en matière de mines qui ont
» visité ce district. »

Idaho.—Le Territoire d'Idaho est l'un des plus importants de cette région par sa richesse : sa forme est
assez irrégulière, attendu qu'il est limité à l'Est par
les montagnes Rocheuses et par les monts Bitter Root
qui ont un parcours assez sinueux. Les deux villes
principales sont Pioneer City et Idaho City qui por-
tait autrefois le nom de Bannock City. Il existe dans
la partie Nord de ce Territoire un district de mines
d'or : d'autres gisements sur lesquels l'attention s'est
portée, sont situés dans le *Boisée-County* qui forme
la majeure partie de la surface du Territoire d'Idaho et
où se trouvent Idaho City et Pioneer City. Ce comté
est arrosé par un grand nombre de cours d'eau qui

fournissent la force motrice nécessaire à l'exploitation des minerais.

Il existe dans le comté d'Owyhee, dans le même Territoire, un autre district minier, c'est celui de Silver City; c'est à ce district qu'appartient le fameux filon d'argent appelé *Poorman;* sa richesse est extraordinaire : nous en indiquerons les détails dans la deuxième partie de cette étude. La surface du Territoire d'Idaho présente des forêts considérables de pins et de sapins; on a signalé dans le district de Volcano qui fait partie de Alturas County, dans le même Territoire, une couche de houille anthraciteuse de 1ᵐ,50 d'épaisseur; cette houille ressemble à de l'anthracite fortement silicifiée; elle a été essayée et a développé beaucoup de chaleur sous un petit poids (¹) : mais il paraît que ce n'est qu'une couche de peu d'importance et que là, comme dans les régions voisines, c'est sur le bois qu'il faut compter comme unique combustible.

Montana. — Le Territoire de Montana est limitrophe des possessions anglaises : il est contigu à celui d'Idaho. Il est assez accidenté dans sa partie Ouest : il est en effet traversé à l'Ouest par les Montagnes Rocheuses : c'est de ce côté que sont concentrées les mines connues ou exploitées : la partie Est de ce vaste

(¹) « *American Mining index.* » New-York, Décembre, 1865.

Territoire est beaucoup moins peuplée. La région qui
se trouve aux environs de Bannock City renferme un
nombre considérable de mines d'argent : il existe éga
lement des mines d'or dans ce Territoire : mais ce qui
lui donne une physionomie particulière, c'est qu'un
grand nombre des gisements qu'il renferme peuvent
être exploités à ciel ouvert (*surface diggings*). La présence des Montagnes Rocheuses se traduit là par une
abondance remarquable de cours d'eau.

Washington. — Le Territoire de Washington est
un de ceux où l'on a signalé le moins de gisements
de métaux précieux : il existe cependant une région
aurifère le long des montagnes (*Cascade Mountains*)
qui le traversent et qui sont le prolongement des
monts de la Californie : on a signalé également une
région argentifère près de l'embouchure du fleuve Cc-
lumbia. C'est un des Territoires les mieux situés,
bien qu'il forme la limite N. O. des États-Unis : il
est bordé par le Pacifique et possède par conséquent
des moyens de transport plus commodes — quant à
présent — que ceux dont disposent les autres États ou
Territoires qui nous occupent.

Oregon. — L'État d'Oregon est situé au-dessous
du Territoire de Washington et dans une position tout

analogue, sauf la latitude ; c'est le fleuve Columbia
qui les sépare, c'est le Snake River — qui n'est que
le prolongement du Columbia River — qui le sépare
du Territoire d'Idaho. La population est pour le moment entièrement concentrée sur le bord du Pacifique,
et les mines qu'on y a étudiées sont situées principalement dans le voisinage de la Californie, avec laquelle
il est contigu. Des communications régulières par bateaux à vapeur sont établies entre San-Francisco et
l'embouchure du Columbia.

Utah. — Le Territoire d'Utah est contigu à l'état
de Nevada et au Territoire d'Arizona. Il renferme le
lac Salé et le lac Utah, entre lesquels les Mormons ont
établi leur résidence vers 1847. Ce Territoire est traversé par le Colorado, mais ce fleuve n'est pas d'un
grand secours pour les exploitations minières, attendu
qu'il ne devient navigable que dans le Territoire d'A-
rizona ; il renferme des mines d'or et d'argent très-
riches, notamment des galènes argentifères ; les mines
d'argent des environs de Stockton sont particulière-
ment citées pour leur richesse. Le Territoire d'Utah
est traversé du S. O. au N. E. par les monts Wa-
satach.

Colorado. — Le Territoire de Colorado est situé à
l'ouest du précédent. Il est traversé du nord au sud

par les Montagnes Rocheuses et leurs nombreuses ramifications ; au centre de cette région montagneuse se trouve le district des mines d'or. On a trouvé également dans ce Territoire des sources de pétrole ; on cite un puits percé près de Cannon-City, dans la région aurifère, qui a 22^m,50 de profondeur, et qui fournit d'une façon régulière de l'huile de première qualité (*green oil*). Il existe aussi des filons de galène dans ce Territoire.

New Mexico. — Le New Mexico est un Territoire dont le sol est fort accidenté ; il est traversé du nord au sud par le Rio-Grande ; il est encore peu peuplé, on y a découvert des mines de cuivre ainsi que des mines d'or ; les recherches ne paraissent pas avoir été aussi actives dans ce Territoire que dans ceux que nous avons cités précédemment.

Par les indications qui précèdent, on voit qu'il existe entre les Montagnes Rocheuses et la Sierra Nevada un pays abondamment pourvu de mines d'or et d'argent (l'on pourrait y ajouter le cuivre et le plomb) ; la surface du pays est parsemée de cours d'eau nombreux qui sont d'une grande ressource dans l'exploitation des mines, en créant la force motrice, et en fournissant l'eau nécessaire à la prépara-

tion mécanique de ces minerais : si le combustible
minéral fait défaut il est remplacé par les nombreuses
forêts qui sont parsemées à la surface de ce pays, et
ces bois ont en outre l'avantage de pouvoir être employés aux constructions à la surface du sol et aux travaux d'aménagement des exploitations souterraines ;
mais, même avec toutes ces ressources, il est des objets indispensables qu'il faut faire venir de loin, le
pays ne pouvant encore les fournir sur place : de ce
nombre sont les machines à vapeur, les pompes, les
outils d'exploitation et les appareils de préparation
mécanique, enfin les ressources indispensables à la vie
quotidienne. Les moyens de transport qui existent
sont-ils suffisants à pourvoir à tous ces besoins ?
Il est évident que non, et pour certains districts
moins heureusement situés que d'autres, c'est là un
grand obstacle à leur prompt développement.

Pour citer un exemple des frais considerables
qu'entraîne ce manque de communications rapides et
régulières, il suffira de dire que de San-Francisco, qui
est le grand port du Pacifique pour toute cette région,
à Hardyville, qui est située dans l'Arizona, sur le Colorado et à la frontière de la Californie, les frais de
transport s'élèvent à 275 fr. 90 cent. par tonne de
1000 kilog.; c'est là un prix très-élevé ; il faut tenir
compte en outre de la longueur de ces transports : ils
ne prennent pas·moins de trente jours entre San-

Francisco et Hardyville. Il faut ajouter de plus qu'il
n'y a guère là que deux grandes artères navigables, le
Columbia et le Colorado, qui sont des ressources pré-
cieuses pour les régions qu'ils traversent, mais dont
d'autres districts ne peuvent faire usage qu'après des
voyages par voie de terre, qui sont forcément longs,
vu l'immense étendue de ces États et de ces Territoires.
Aussi la grande voie de communication, sur laquelle
tous les exploitants comptent pour desservir leurs districts miniers, celle qui doit en quelque sorte faire l'a-
venir de toutes ces mines, c'est le *chemin de fer du
Pacifique*.

« Lorsque, dit M. Stewart, le Kansas, le Colo-
« rado, l'Utah, le Nevada et la Californie seront tra-
« versés par ce chemin de fer, avec des embranche-
« ments s'étendant à travers le Montana, l'Idaho, le
« Washington et l'Oregon au nord, le New-Mexico
« et l'Arizona au sud, l'effet qui en résultera pour la
« prospérité commerciale et agricole du pays, peut
« être apprécié par les progrès qu'ont faits les États
« du Nord-Ouest depuis l'achèvement de leur grand
« réseau de chemins de fer (1). »

Les premières études du chemin de fer du Pacifique ont été faites il y a déjà longtemps. Dès 1804,
le président Jefferson avait fait faire les premières re-

<hr>

(1) « *The mineral resources of the Pacific States and Territories,* »
par le sénateur Stewart.

cherches pour arriver à établir une voie de communication directe à travers les États-Unis, entre les océans Atlantique et Pacifique : ces recherches furent régulièrement continuées ; c'est de 1842 à 1845 que le général Frémont — qui était alors simple trappeur — fit ses expéditions à travers le continent américain : c'est lui qui le premier explora cette vaste région comprise entre les Montagnes Rocheuses et la Sierra Nevada de la Californie, où se trouvent les gisements qui nous occupent, et c'est lui qui lui donna le nom de *Grand Bassin* qui lui est resté depuis ; ce nom est justifié par cette observation que les fleuves de ce bassin ne vont pas se jeter à la mer et que la plupart d'entre eux se perdent dans les sables (comme cela est fréquent dans le Nevada), ou vont former des lacs intérieurs, dont le lac Salé est le plus connu.

Sans nous arrêter aux recherches faites postérieurement, il suffira de dire que le chemin de fer du Pacifique, quel que soit le parcours définitivement adopté, aura pour effet de relier San-Francisco, le grand port du Pacifique, avec le réseau des chemins de fer des États de l'Est ; il traversera donc forcément la région minière du Pacifique ; le parallèle suivant lequel il sera tracé pourra varier, mais la construction d'embranchements desservant les districts les plus importants mettra en somme cette région en communication régulière avec les deux océans. On comprend que c'est là une question vitale pour les États et les Territoires du Grand-Bassin.

Du côté du Sacramento, il y a déjà 64 kilomètres de ce chemin (¹) qui sont achevés et 2.300 hommes sont occupés aux travaux nécessaires pour franchir la Sierra. « La Compagnie, dit le sénateur Stewart (²),
» a les ressources nécessaires pour exécuter ce travail,
» mais elle se plaint du manque de bras : le Gouver-
» nement lui prête 150.000 fr. par kilomètre pour les
» travaux destinés à franchir la Sierra Nevada, prend
» en garantie des bons de seconde hypothèque et au-
» torise la Compagnie à émettre des bons de première
» hypothèque pour une somme de 150,000 fr. par
» kilomètre, payables en or; et il autorise la Com-
» pagnie à émettre de semblables bons pour une
» longueur de 160 kilomètres en avance de l'état des
» travaux au moment de l'émission; en outre, le
» Congrès a accordé à la Compagnie une très-libérale
» concession de terres. L'État de Californie a garanti
» une somme de 7.500.000 fr. et la ville de San
» Francisco contribue pour 2.000.000 de fr., indé-
» pendamment des autres sommes fournies par les
» Comtés du Sacramento et des Placers. »

______

(¹) Sa longueur totale peut être estimée de 800 à 900 lieues, suivant le parcours qui sera adopté.

(²) *The mineral resources of the Pacific States and Territories.*

Le chemin de fer du Pacifique n'est donc plus à l'état de simple projet, et s'il existe encore différents tracés en présence, quant à la direction à lui donner dans une partie de son immense parcours, on doit cependant le considérer comme un fait ayant déjà reçu un commencement d'exécution. Il importe de remarquer que le point capital, pour le moment, n'est pas de relier les districts miniers avec les États de l'Est : sans doute, des communications rapides et régulières avec le centre de l'Union seraient d'une immense utilité, mais il n'y faut pas encore songer ; la soudure du *Pacific railroad* avec les réseaux actuellement existants n'est pas au moment de s'effectuer : l'essentiel, c'est que les premiers travaux ont été entrepris à partir du Sacramento et que, par conséquent, à mesure qu'ils avancent dans l'intérieur des terres, ils permettent à une plus grande région de communiquer directement avec l'océan Pacifique qui, pour longtemps encore, doit être considéré comme offrant le principal débouché aux produits des districts des mines de ces contrées : il ne faut pas perdre de vue que ce chemin de fer pourra être livré à la circulation par tronçons successifs, à mesure que la Compagnie qui le construit en aura terminé une longueur suffisante pour donner lieu à une exploitation et qu'il pourra, en conséquence, rendre de très-grands services, même avant son complet achèvement, sauf à voir, à ce mo-

ment, le sens de son trafic principal se déplacer de
l'Ouest pour aller vers l'Est.

Les documents publiés par les particuliers sur ces
nouveaux gisements de métaux précieux peuvent être
taxés de plus ou moins d'enthousiasme ou d'exagéra-
tion : aussi n'est-il pas sans intérêt de les voir confirmés
par un document officiel : c'est dans ce but que nous
traduisons le passage suivant du rapport présenté
le 5 décembre 1864, au Congrès des États-Unis, par
M. J.-P. Usher. Secrétaire de l'Intérieur :

« Pendant l'année passée, dit M. Usher, de nou-
» velles découvertes de métaux précieux, et particu-
» lièrement d'argent, ont été faites dans la région qui
» forme à l'Est les flancs de la longue chaîne de
» montagnes de la Sierra Nevada. Un vaste bassin
» d'environ 160 à 320 kilomètres de large et de
» 1.280 à 1.440 kilomètres de long, embrassant une
» portion d'Idaho, de Nevada et d'Arizona, est riche
» en minerais d'argent. Par suite de la situation
» éloignée de ces mines et de la difficulté des trans-
» ports, on n'a encore introduit là qu'un petit nombre
» de machines bien appropriées au traitement rapide
» et économique de ces différents minerais. Dans cette
» portion du Nevada, que traversera le chemin de fer
» du Pacifique, on a trouvé un grand nombre de filons
» riches, et des personnes familières avec ces ques-
» tions estiment que, si les mines maintenant ouvertes

» possédaient des moyens mécaniques convenables,
» elles produiraient 50,000,000 de francs par mois.
» Dans la même région, on a trouvé aussi de vastes
» gisements de sel qui, par suite de l'emploi de ce
» corps dans les procédés de réduction des minerais
» argentifères, ont donné une nouvelle impulsion à
» l'exploitation des mines. Si on réfléchit que cette
» région dans laquelle abondent les gisements de mé-
» taux précieux, renferme de grandes portions de trois
» États et de six Territoires, et que les filons métalliques
» les plus riches qui aient été découverts jusqu'à pré-
» sent, ne sont que faiblement exploités, tandis que
» l'on en découvre constamment de nouveaux, on
» comprendra que le produit annuel des mines des
» États-Unis atteindra bientôt une importance sans
» précédent dans l'histoire de l'exploitation des
» mines. »

Une question se présente naturellement ici : Quelle sera l'influence de la découverte de ces nombreux gisements de métaux précieux sur la valeur même de ces métaux ? La dépréciation de l'or et de l'argent en sera-t-elle la conséquence nécessaire ? Cette question si souvent discutée et si diversement résolue est du domaine de l'économie politique, et nous n'avons pas à nous en occuper, ne voulant, dans cette étude, envisager les gisements du Pacifique qu'au point de vue industriel de leur exploitation et de leurs rendements.

II

LES FILONS : LEUR EXPLOITATION,
COMPOSITION ET RENDEMENT DES MINERAIS
LÉGISLATION MINIÈRE.

On a vu précédemment comment les gisements de métaux précieux étaient répartis dans les différents États ou Territoires du Pacifique : il faut maintenant étudier les gisements en eux-mêmes.

Les innombrables filons qui sillonnent le *Grand-Bassin* affectent des directions parfaitement définies, mais qui sont essentiellement différentes, non-seulement dans les différents États ou Territoires, ce qui s'expliquerait en tenant compte de l'immense étendue de ces régions, mais ces variations se rencontrent même dans de moindres étendues : c'est ainsi que M. l'ingénieur Blatchly indique dans le district de Reese River (Nevada), trois systèmes de filons argen-

tifères bien connus, les uns ayant une direction du
N. O. au S. E. et une inclinaison de 45° à 60° N. E..
quand on les considère à une profondeur suffisante
pour que la veine y ait sa position normale ; il existe
dans le même district un second système de filons
ayant presque la direction N. S. avec une inclinaison
de 85° à l'Ouest : ces derniers filons croisent les précédents ; enfin on trouve encore dans le même district
des filons ayant la direction du N. E. au S. O. avec
une inclinaison vers le N. O. ([1]). Des directions de
veines tout aussi nombreuses existent dans le Territoire d'Idaho, et il serait facile de constater le même
fait dans presque tous les autres districts miniers que
nous avons indiqués.

Sans nous arrêter davantage à la direction des filons
qui est essentiellement variable, il importe de noter
quelques faits intéressants relativement à ces gisements.

Les recherches qui ont été faites sur un certain
nombre de filons, ont démontré que leur puissance
s'accroissait avec leur profondeur ; des veines qui, à
la surface, avaient une puissance insignifiante, attei-
gnaient à la profondeur de 45^m à 60^m, une puissance
de 1^m.50 à 2^m.40 ; et la richesse des minerais s'est

([1] « The silver districts of Nevada. Report on the mineral resources
of the Reese River region, by A. Blatchly, mining engineer. » New-
York. 1865.

fréquemment accrue elle-même avec la profondeur des
veines dont ils provenaient ; indépendamment de cette
influence sur la richesse des minerais, la profondeur
des gisements paraît agir directement aussi sur la nature même des minerais : tandis que dans certaines
régions, les minerais que l'on trouve au-dessus du niveau des eaux sont des chlorures, des bromures, des
iodures d'argent ; au-dessous du niveau des eaux, on
voit apparaître le soufre en combinaison avec l'argent,
le zinc, le fer, le cuivre, le plomb, l'arsenic, l'antimoine.

Les terrains dans lesquels se rencontrent ces gisements sont tous des terrains volcaniques ; quelques-
unes des montagnes où sont situées les mines sont
formées de roches métamorphiques (on sait que ces
roches sont le gisement habituel de l'argent natif). Le
granit est la roche principale de ces régions, on y rencontre également le porphyre, le basalte sur quelques
sommets de montagne, et une roche désignée sous le
nom de *greenstone* (pierre verte), qui appartient à la
formation trappéenne et qui est composée de feldspath
et d'amphibole hornblende en grains(¹) : ces différentes
roches existent souvent à l'état de *dykes* à travers les
couches granitiques. On trouve également là des gneiss,
des schistes ardoisiers contenant quelques pyrites de
fer, des pyrites et des carbonates de cuivre, enfin le

(¹) C'est le *grünstein*.

long de certains filons on rencontre des galets de quartz.

En un grand nombre de points on trouve l'or et l'argent associés dans les mêmes filons ; cela existe notamment dans le Territoire d'Arizona où certaines veines qui, à la surface, paraissent riches en minerais d'or, à une certaine profondeur contiennent surtout de l'argent ; ce fait constitue d'ailleurs un des caractères réguliers des filons aurifères.

Les différents minerais d'or et d'argent que l'on a rencontrés jusqu'ici dans ces régions, sont les suivants :

L'or natif.

L'argent natif, qui se présente dans certaines couches de minerais d'argent, sous forme de fils ou de lamelles, et qui provient d'une réduction partielle qu'ont subie ces minerais ; on en a trouvé dans « Revenue Mine », district de Reese River, des morceaux qui pesaient 2 kilos 26 : on en trouve aussi dans l'oxyde de fer.

Le *chlorure d'argent ;* il est disséminé dans des minerais de fer et de plomb. Certains chlorures d'argent renferment jusqu'à $76/100^{es}$ d'argent et $24/100^{es}$ de chlore. Sa formule est $AgCl$. Les minerais chlorurés de ces régions sont beaucoup moins riches que les minerais sulfurés.

Le *bromure d'argent*, qui est souvent associé au chlorure.

L'*Iodure d'argent et de mercure*. M. Blatchly le signale comme existant dans le « Union district », Nevada : le *séléniure d'argent* existe aussi dans le même district.

Ces différents minerais se trouvent au-dessus du niveau de l'eau ; il va sans dire qu'ils sont associés à une gangue et souvent à d'autres corps étrangers.

Les minerais que l'on trouve au-dessous du niveau de l'eau sont les suivants :

Le *psaturose* ou *sulfure d'argent aigre* (brittle silver) : c'est un sulfure d'argent et d'antimoine, sa formule chimique est $6AgS + Sb^2S^3$.

Un minerai désigné aux États-Unis sous le nom de « *parlosite* » et qui paraît n'être autre que la *polybasite* : c'est un composé d'argent, de soufre, d'arsenic, d'antimoine, de cuivre, de fer, de zinc. Il est très-abondant dans certains districts, notamment dans le filon de Comstock.

L'*argent rouge* dont il existe plusieurs variétés dans les districts du Pacifique et notamment la *proustite* (sulfure d'argent et d'arsenic).

Un autre sulfure d'argent et d'arsenic plus riche en soufre que la proustite, et connu des minéralogistes sous le nom de *Xanthokon*.

Tous ces minerais se rencontrent au-dessous du niveau de l'eau : les minerais sulfureux sont les plus
riches en métal et sont les plus exploités pour le moment.

On trouve aussi là des galènes, des pyrites et des
cuivres gris argentifères associés à certains des minéraux précédents.

La présence du mercure a été signalée dans ces districts miniers; mais elle n'a pas été constatée jusqu'ici
d'une façon évidente, et les exploitants sont obligés de
faire venir de Californie le mercure nécessaire pour
les opérations d'amalgation des minerais.

Le *sel* (chlorure de sodium), existe également dans
certains États ou Territoires; il est là d'une grande
utilité ; on verra l'usage qui en est fait dans les traitements des minerais.

Pour donner une idée de la richesse de certains
d'entre les filons du *Grand Bassin*, nous allons indiquer les principales données relatives à quelques-uns
d'entre eux, et indiquer le rendement de quelques-uns
des minerais qui en proviennent, en écartant les
chiffres excessifs.

Le filon de Comstock dont nous avons déjà parlé a
produit des sommes fabuleuses. Les relevés faits par
les directeurs de quelques mines situées sur ce filon
pour le trimestre qui finissait en avril 1865, établis-

sent les productions suivantes pour ces différentes mines (¹).

Belcher.	1.570.650 francs.
Crown point	181,655
Yellow Jacket.	3.600.537
Eclipse.	277,840
Empire.	596,042
Bacon	209 945
Impérial.	1.006.722
Chollar.	2.200.000
Mexican	90,060
Stephenson et Cⁱᵉ	41,748
Uncle Sam.	23.040
Savage.	3,026.167
Potosi	1.510.604
Ophir.	288.564
N. Y. and Nevada.	209.504
Gould and Curry.	2.385,919
Confidence	145.210
Challenge.	258,997
Bowers.	308.750

La mine de *Gould et Curry* a produit dans un mois la somme énorme de 2.750.000 francs. et on a constaté que pendant le mois d'avril 1865. Virginia-City avait expédié à San-Francisco des lingots représentant une valeur de 4.285.000 francs.

Le prix de revient de l'exploitation et du traitement

(¹) Les chiffres suivants sont extraits du travail intitulé : *The silver districts of Nevada.* New-York 1865.

de 1.000 kilog. de minerais, est établi comme suit,
par le directeur de la mine de *Gould et Curry* :

Extraction du minerai............	38 fr. 60 c.
Transport......................	5 50
Réduction du minerai..........	66 20
Total.......	110 fr. 30

Le rendement moyen de ces minerais étant de
405 fr. 50, on voit que, même en tenant compte des
transports à faire subir aux lingots, il reste un bénéfice considérable par tonne de minerai traité.

L'État de Nevada renferme encore un filon de
quartz aurifère d'une très-grande valeur: on le désigne
sous le nom de « *Reveille* ». Il est situé dans le district de Humboldt, à 144 kilomètres d'Austin et à
256 kilomètres de Virginia-City. Il a une puissance
de 24 mètres à ses affleurements et une longueur de
1800 mètres. Sa direction est N. S. Il est situé très-
avantageusement près de la rivière Humboldt et d'un
canal qui vient d'être créé pour produire la force motrice nécessaire aux mills de cette région.

Le professeur B. Silliman, de New-York, qui a
étudié ce filon, dit qu'on n'aperçoit pas l'or à l'œil nu
dans ce quartz : il n'y existe qu'à l'état de petites
taches presque imperceptibles.

Un échantillon de ce minerai pesant 906 kilog., et
composé de fragments ramassés au hasard à la sur-

face des affleurements, a été traité au *mill* et a donné
les rendements suivants :

            Or................   206 fr. 83 c.
            Argent............   20   90
                                  ____
                Valeur totale.... 227 fr. 75 cent. pour
906 kilogrammes de minerai ;

ce qui représente une valeur de 251 fr. 34 c. pour
une tonne de 1.000 kilos ; cet échantillon ne présen-
tait à l'œil nu aucune particule métallique. M. B. Silliman établit de la manière suivante (¹) le prix du
traitement du minerai de « Reveille, » en supposant
ce minerai pris à la surface du filon où l'on en peut
ramasser des quantités considérables : ce prix est rapporté à la tonne de 1.000 kilos :

        Cassage et chargement du quartz....   13 fr. 79 c.
        Transport au mill..................   13   79
        Prix de l'eau au mill (²)..........   8   28
        Machines et mercure................   5   52
        Main d'œuvre.......................   13   79
                                             ____
            Estimation totale par tonne...... 55 fr. 17

En admettant que la teneur du minerai ne fût que
moitié de celle indiquée par l'essai au mill, il y aurait
encore là de beaux bénéfices à réaliser. En Californie

(¹) « Professor *B. Silliman's* report on the *Reveille quartz lode,
Humboldt, Nevada.* » 1865.

(²) La Compagnie du canal de Humboldt louant la force motrice
aux ateliers riverains à raison de 8 f. 28 c. par tonne de minerai
traité, ou de 200 fr. par jour pour un *mill* de 20 pilons.

on traite couramment avec profit des quartz aurifères,
qui ne renferment que 55 fr. 18 c. par tonne; il est
juste de dire que les salaires sont beaucoup plus élevés dans les Etats du Pacifique qu'en Californie. Un
ingénieur de ce district. M. J. Ginaca, a traité à forfait
des quartz aurifères aux conditions suivantes: le lot
de minerai à traiter était de 1812 tonnes. il en faisait
le transport, le bocardage et le traitement à raison de
110 fr. 36 par tonne, qui se décomposent comme
suit :

Transport au mill...........	22 fr. 07 c.
Bocardage et traitement.......	88 28
Total........	110 fr. 35

Ce prix ne s'appliquait qu'au traitement pour or.
et le minerai devait être livré à un point convenu et
par quantité de 13 t. 5 par jour, au moins.

Le territoire d'Idaho contient un système de filons
aurifères dirigés de l'Est à l'Ouest; leur inclinaison
varie de 40° à 60°: leur puissance moyenne est de
6^m: elle augmente avec la profondeur ; les moins puis-
sants ont 3^m: on trouve là de l'or natif mélangé avec
des sulfures; il se vend à raison de 60 francs l'once de
31 grammes 09 c. Les filons de quartz aurifères d'I-
daho (Santa Clara, Saratoga. Monterey, Aurora, Durango. Mahottan, Almeda, Rabboni) sont remarquables par la richesse des minerais provenant de leur

surface : 127 tonnes de ces minerais ont rendu, dit-on,
plus de 30.000 fr. (¹).

Outre ces gisements d'or, le Territoire d'Idaho renferme également des filons argentifères fort riches.
On a extrait de 82 tonnes de ces minerais 453 kilogr.
d'argent. Le fameux filon appelé *Poorman* qui se
trouve dans le même Territoire, comté d'Owyhée,
donne également à l'essai des rendements énormes par
tonne : il contient de 30 °/₀ à 60 et même 90 °/₀
d'argent ; un essai fait sur un lot de 86 tonnes de
minerais provenant de ce filon, a produit une moyenne
de 12.139 fr. 60 par tonne ; ce même filon contient
une bande d'argent natif de plusieurs pouces d'épaisseur ; il renferme un grand nombre de minerais d'argent différents ; sa puissance moyenne est de $0^m.65$; il
est situé dans le granite ; son toit et son mur sont formés
de schistes talqueux. Sa direction est N. O., S. E.,
il a été découvert le 15 décembre 1865.

C'est dans le granite qu'on a trouvé tous les filons
de quartz aurifères d'Idaho : ce granite est à gros
grains, en sorte que son abattage n'offre pas de trop
grandes difficultés ; on trouve dans le même district
des porphyres, des trapps et des micaschistes ; le basalte paraît y faire défaut complétement. La puissance
des filons aurifères varie de $0^m.90$ à $1^m,50$; leur lon-

<hr>

(¹) *American mining index*, du 23 décembre 1865.

gueur connue est variable et dépend de l'étendue des recherches qui ont été faites : ces filons sont nombreux et assez rapprochés les uns des autres. Les minerais aurifères de certaines mines de ce Territoire situées dans le Boisée County ont rendu au bocard 441 fr. par tonne, après un traitement imparfait : il est probable que les résidus du traitement de quelques-unes de ces mines offriraient un rendement suffisant pour couvrir les frais et donner un bénéfice, si on les soumettait à un traitement fait avec soin. Certains quartz aurifères provenant de ces mines ont été essayés à la Monnaie de San-Francisco et ont rendu environ 72 fr. d'or par once de 31^f, 09 ; les frais d'exploitation de ces mines-là sont indiqués comme ne dépassant pas 332 fr. par tonne de 1000 kilogr.

Le Territoire d'Arizona possède comme on l'a vu, des filons d'or et d'argent : on trouve ces deux classes de filons juxtaposées dans le district de Wauba Yuma, qui est un des mieux situés de ce Territoire au point de vue de la facilité des transports. Les filons de ce district sont renfermés dans une formation régulière de trapps et de porphyre.

On a trouvé dans ce district seize filons dont voici la liste avec la longueur connue et la puissance respective de chacun d'eux (¹).

(¹) Ces chiffres sont extraits d'une notice publiée par la compagnie minière qui exploite les filons du district de Wauba-Yuma.

	Longueur en mètres.	Puissance en mètres.
El Bonito	780	4,50 à 6
Howard	840	6
Mac-Anneny	840	4,50 à 6
Monongahela	660	4,50
Favorita	840	3,60
Métropolitan	960	3 à 3,60
Wm. M. Lent	840	10,50
Alleghany	720	3
Mountain-Lily	840	4,50
Knickerbocker	780	2,40
Florence	780	16,20 à 18
Rubicon	900	9
Mammoth	720	4,50
Oregon	660	2,40
Mac-Clellan	360	4,50
Pride of the Pines	780	6 à 9

Tout ce district a été étudié par le capitaine Moss. qui a fait une étude spéciale des mines de la région du Pacifique, et qui dirige l'exploitation de celles de Wauba-Yuma.

Le filon *Pride of the Pines* paraît être le plus riche de ce district : il contient de l'or et de l'argent, et, en outre, une proportion de cuivre qui varie de 12 à 30 pour 100. Sa teneur en or et argent varie de 445 fr. à 993 fr. par tonne ; c'est un filon quartzeux situé dans le granite : la paroi de la veine est formée par le granite mélangé de feldspath avec des taches de carbonates de cuivre bleu et vert. Il est coupé en deux par une vallée très-profonde : la surface du sol, sur une largeur de 15 mètres des deux côtés du filon, est couverte de galets de quartz de petites dimensions ; on y trouve aussi de l'oxyde de fer à ses affleurements.

Plusieurs essais ont été faits sur les minerais du district de Wauba-Yuma. Voici les résultats obtenus pour quelques-uns d'entre eux par le professeur John Torrey, au Bureau des Essais des États-Unis, à New-York [1] :

Filon de Mac Anneny, argent . . . . 1,195 fr. 14

El Bonito. . . . . . { argent . . . . 3,057 fr. 96
{ or . . . . . . 74 fr. 82
  $\overline{\qquad}$
  3,132 fr. 78

Florence . . . . . { argent . . . . 287 fr. 82
{ Ce minerai après la préparation contenait 80 p. % de plomb.

Pride of the Pines { or . . . . . . 213 fr. 88
{ argent . . . . 2,911 fr. 08
{ cuivre 13.9 p. % $\overline{\qquad}$ 3,124 fr. 96

Voici les résultats d'un autre essai fait sur du minerai provenant de ce dernier filon ; l'essai a été fait par la méthode d'amalgamation, exactement comme se fait l'opération industrielle ; 4^k,530 de minerai ont donné, dans ces conditions, un culot métallique pesant 56^g,99.

<hr>

[1] Tous ces rendements sont rapportés à la tonne de 1,000 kilog. ; ce sont les résultats obtenus dans les essais de minerais ; ces chiffres ne sauraient être atteints dans un travail courant, mais ils permettent de se faire une idée de la richesse de ces gisements.

Ce culot, analysé au Bureau des Essais des États-Unis, a donné la composition suivante :

$$
\begin{array}{lr}
\text{Or} \dots\dots\dots & 0,029 \\
\text{Argent} \dots\dots & 0,236 \\
\text{Cuivre} \dots\dots & 0.735 \\
\hline
& 1.000
\end{array}
$$

Cette composition représente les valeurs suivantes par tonne de minerai :

$$
\begin{array}{lrr}
\text{Or} \dots\dots\dots & 1,210 \text{ fr.} & 65\,^{c}. \\
\text{Argent} \dots\dots & 648 & 64 \\
\text{Cuivre} \dots\dots & 40 & 83 \\
\hline
& 1.900 \text{ fr.} & 12
\end{array}
$$

Une tonne de ce minerai représenterait donc une valeur brute de 1.900 fr.; ce sont là des rendements énormes obtenus dans des essais de laboratoire, et qui, malgré la richesse extraordinaire de quelques-unes des mines du Pacifique, doivent être considérés comme des exceptions. Pour se rendre compte de cette richesse excessive, il ne faut pas perdre de vue que les districts miniers du Pacifique sont situés dans le prolongement des régions du Mexique (telles que la Sonora, le Durango, etc.) où sont situées les mines d'argent que l'on exploite depuis si longtemps, et qui sont renommées pour leur richesse : il n'est pas douteux que celles du Pacifique se rattachent à la même formation géologique.

Cette richesse considérable que nous venons d'indiquer n'est pas exclusive à certains districts : elle se retrouve partout, à des degrés variables, dans les différents États et Territoires du *Grand Bassin*. Le Territoire de Montana possède des filons fort remarquables à ce point de vue : dans celui qui est connu sous le nom de « *Uncle Sam*, » on a rencontré une poche d'où l'on a extrait du quartz renfermant des morceaux d'or natif d'une grosseur extraordinaire. Certains minerais de Montana, traités par le procédé d'amalgamation que nous indiquerons plus loin, ont produit de 551 fr. 80 cent. à 827 fr. 70 cent. par tonne ; d'autres minerais du même Territoire ont rendu jusqu'à 7,725 fr. par tonne. Il importe d'observer qu'il faut déduire de ces rendements bruts les frais d'extraction et de réduction de ces minerais.

Voici le relevé des sommes produites par le traitement des minerais de différentes mines dans une usine d'Austin, Nevada ; ce relevé ne s'applique qu'à des minerais sulfureux ([1]).

DÉCEMBRE 1864

Poids des minerais travaillés pendant le mois de décembre 1864 et provenant de différentes mines. . . .	55,744 kil.
Rendement brut de ce poids de minerai.	70,892 fr. 35

[1] « *The silver districts of Nevada*. »

Les minerais qui ont passé à la préparation mécanique ont produit.   31.541 fr. 40
Les minerais traités tels qu'ils sont
sortis de la mine ont produit. . .   39.550 fr. 50
Rendement moyen par tonne de
minerai. . . . .   1,282 fr. 55

JANVIER 1865

Poids des minerais traités pendant
le mois de Janvier 1865 et prove-
nant de différentes mines. . . . .   84,006 kil.
Rendement brut de ce poids de
minerai. . . . .   78.947 fr. 30
Les minerais qui ont subi la prépa-
ration mécanique ont produit. . .   37.629 fr. 65
Les minerais traités tels qu'ils sont
sortis de la mine ont produit. . .   44,317 fr. 85
Rendement moyen par tonne . . . .   947 fr. 03
Poids total des minerais traités en
décembre 1864 et janvier 1865. .   139,750 kil.
Rendement brut. . . . .   149,839 fr. 85
Minerais ayant subi la préparation
mécanique . . . .   65.971 fr. 05
Minerais employés au sortir de la
mine . . . .   83.868 fr. 80
Rendement moyen par tonne de
minerai traité. . . . .   1,072 fr. 04

Les méthodes adoptées pour l'exploitation des différents filons sont assez variables, et dépendent des
lois qui règlent les exploitations dans chaque district
et qui imposent certains travaux aux exploitants.
Quand le filon est coupé en deux par une vallée pro-
fonde, on profite de cette circonstance pour ouvrir
une galerie de niveau dans la veine, on fait ensuite

une série de galeries en travers de façon à embrasser en quelque sorte toute la longueur du filon.

Quand les veines n'affleurent pas, on les rejoint au moyen de puits, et c'est alors de ces puits que l'on fait partir les galeries destinées à atteindre le minerai.

Il est d'ailleurs aisé de comprendre que les conditions locales doivent avoir une grande influence sur le mode d'exploitation que l'on adoptera, et qu'on ne saurait indiquer aucune règle générale s'appliquant à toutes les mines des districts du Pacifique. La seule règle commune que tous les exploitants semblent s'imposer, c'est de diriger les premiers travaux d'exploitation de façon à extraire autant que possible des minerais qui puissent rembourser la dépense d'une partie de ces premiers travaux, au fur et à mesure qu'on les fait.

La législation minière de ces districts aura une grande influence sur leurs développements ultérieurs.

Lors de la découverte des mines d'or de la Californie, les émigrants établirent, dans les différents centres où ils s'installèrent, des coutumes et des règlements qui fixaient l'étendue des concessions de mines, et qui déterminaient les travaux obligatoires pour valider la possession de ces mines. Ces règlements étaient destinés aussi à éviter les monopoles ([1]) : ils étaient pres-

[1] « *The mineral resources of the Pacific States and Territories,* » par le sénateur Wm. M. Stewart. New-York, 1865.

que identiques pour les différents districts, quant à
leurs dispositions générales. Ils produisirent des résultats si heureux, qu'en 1851 la législature de la Californie passa une loi portant que ces règlements des
districts serviraient de base dans le jugement des pro-
cès relatifs aux concessions de mines, en tant qu'ils ne
seraient pas en opposition avec la Constitution de
l'État ou des États-Unis. Les États et les Territoires
du Pacifique ont suivi l'exemple de la Californie : ils
ont adopté des règlements miniers qui ont été com-
mentés et défendus devant les tribunaux, qui ont pris
force de loi, qui établissent la propriété des mineurs,
qui reconnaissent à tous le droit d'entreprendre libre-
ment des recherches pour découvrir des gisements,
qui accordent des droits absolus de propriété sur certaines portions des gisements à ceux qui les découvrent
et à leurs héritiers, et qui semblent aussi avoir eu
grandement en vue d'éviter la monopolisation des
gisements. Cette dernière observation est justifiée par
le système de division des gisements en lots de
petite dimension définis à l'avance, de façon à ce
que chacun puisse en avoir en quelque sorte sa part,
système qui a été adopté dans certains districts.

Pour donner une idée de ces lois de mines, nous
traduisons celle du district de Reese River, Nevada :
elle a été formulée le 20 avril 1863 ; elle a dû prendre
son effet le 4 juin de la même année :

LOI DES MINES DU DISTRICT DE REESE RIVER, NEVADA

« *Art.* 1er. — (Cet article détermine le nom et les limites
» du district de Reese River.)

» *Art.* 2. — Un greffier (mining recorder) sera élu le
» 1er juin prochain pour ce district; il sera nommé pour
» une année à partir du 17 juillet prochain, à moins qu'il
» ne soit remplacé plus tôt par une nouvelle élection; ce
» changement de greffier ne pourra avoir lieu que sur une
» demande écrite, signée par au moins cinquante conces-
» sionnaires annonçant une nouvelle élection; cette élection
» aura lieu après qu'un avis en aura été affiché et publié
» pendant au moins vingt jours dans un journal publié, soit
» dans le district, soit près de ce district. Le greffier devra
» habiter le district.

» *Art.* 3. — Ce sera le devoir du greffier de tenir, dans
» un ou plusieurs livres disposés à cet effet, des archives
» complètes et régulières de tous les actes des réunions pu-
» bliques ; d'enregistrer toutes les demandes que lui seront
» apportées dans ce but, quand ces demandes ne seront pas
» incompatibles avec les droits et les intérêts de ceux qui
» auront obtenu antérieurement des lotissements, ou ne les
» affecteront pas ; le greffier inscrira ces demandes dans
» l'ordre de leurs dates; pour ce service il recevra une
» somme de 2 fr. 50 pour chaque demande enregistrée. Ce
» sera également le devoir du greffier de tenir ses livres
» ouverts en tout temps à la disposition du public ; il aura
» aussi le pouvoir de désigner un délégué pour agir à sa
» place, mais il sera tenu responsable des actes de ce der-
» nier. Le greffier devra transmettre à son successeur dans

» ce poste tous les livres, archives, papiers, etc., apparte-
» tenant à son bureau.

» *Art.* 4. — Les archives ne pourront être consultées
» qu'en présence du greffier ou de son délégué.

» *Art.* 5. — L'inscription sur la liste du greffe d'une
» demande de lotissement d'un terrain minier par un indi-
» vidu ou par une compagnie, sera considérée comme équi-
» valente à l'enregistrement de ladite demande ou dudit lo-
» tissement.

» *Art.* 6. — Toute personne qui fera une demande de
» concession aura en lotissement 60 mètres (1) sur un des
» filons du district, avec tous ses angles, saillies, ramifi-
» cations, affleurements, inclinaisons, puissances, varia-
» tions, et tous les minéraux ou autres objets de valeur qui
» y sont contenus; celui qui découvrira ou qui fera lotir un
» nouveau filon aura droit à une concession supplémentaire
» pour cette découverte.

» *Art.* 7. — Ceux qui auront obtenu le lotissement de
» tout nouveau filon, gîte ou couche situé dans le district,
» auront le droit d'occuper 30 mètres sur chaque côté du-
» dit filon ou couche obtenu par eux en lotissement; mais
» ceci ne s'appliquera à aucun gisement distinct ou parallèle
» situé dans les 60 mètres indiqués ci-dessus et autre que

(1) Toute personne qui fait la demande d'une concession de gisement est autorisée à posséder gratuitement, sur le filon qui lui est
désigné, une longueur de 60 mètres (200 pieds) mesurés sur la trace
du filon à la surface du sol; sur cette longueur, elle a le droit d'exploiter le filon dans toute sa profondeur et dans toute sa puissance.

L'article 7 accorde à chaque concessionnaire 30 mètres de chaque
côté du filon pour les besoins de l'exploitation; les filons sont de la
sorte lotis en parts de 60 mètres de long, chaque part ne comprenant
qu'un seul filon et non les filons parallèles qui pourraient se rencon-
trer dans cet espace.

» celui qui leur aura été originairement attribué en lotisse-
» ment.

» *Art.* 8. — Tous les lotissements seront faits par une
» notice écrite, qui sera affichée sur le terrain ; les limites
» en seront déterminées et les noms des concessionnaires
» indiqués dans ladite notice.

» *Art.* 9. — Les travaux faits de bonne foi sur d'autres
» galeries, tranchées, puits ou galeries de jonction, seront
» considérés comme étant faits sur la concession apparte-
» nant aux personne, personnes ou compagnies proprié-
» taires de ces galeries, puits ou tranchées.

» *Art.* 10. — Toute demande (faite soit par un individu,
» soit par une compagnie) qui aura été l'objet d'un lotisse-
» ment devra être enregistrée dans les dix jours qui suivront
» la date du lotissement.

» *Art.* 11. — Il devra être fait, dans toute concession de
» 60 mètres possédée par une ou plusieurs personnes ou
» par une compagnie, un jour de travail par chaque mois
» pour assurer la propriété de ladite concession pendant les
» trente jours suivants. Mais rien, dans ce présent artici
» ne sera interprété de façon à empêcher lesdites personne,
» personnes ou compagnie de faire, quand elles le vou-
» dront, la quantité de travail exigée pour s'assurer la pro-
» priété de leur concession pendant trois mois consécutifs.

» *Art.* 12. — Toutes les fois qu'une somme de 5,000 fr.
» (1,000 dollars) aura été dépensée sur la concession d'une
» compagnie dans ce district, la terre ainsi concédée à cette
» compagnie sera considérée comme appartenant en propre
» à cette compagnie ou à ses fondés de pouvoirs, et cette
» même terre ne pourra jamais être lotie de nouveau à
» d'autres personnes, sauf le cas d'un abandon reconnu par

» ladite compagnie, abandon qui sera considéré comme
» définitif après que la concession sera restée inoccupée
» pendant une année, sauf le cas où les concessions seraient
» en litige.

» *Art.* 13. — Le greffier ira sur le terrain avec toutes les
» personnes qui désireront faire lotir des concessions, et
» recevra pour ce service une somme de 15 fr., quand le
» lotissement sera fait pour une compagnie composée de six
» membres ou plus, et 2 fr. 50 par personne pour tout lo-
» tissement fait par moins de six associés ; il devra en outre
» mesurer toutes les concessions et établir ou faire établir
» des bornes suffisantes pour définir lesdites concessions ; il
» lui est interdit de faire aucun lotissement pour aucune
» personne, personnes ou compagnie, sans se conformer
» au présent article et sans voir que les limites de ce lotis-
» sement soient parfaitement définies.

» *Art.* 14. — Le présent règlement ou loi de mines
» pourra être changé ou modifié par un vote des deux tiers
» des membres présents à l'une des réunions de ce district
» et à toute époque, vingt jours après qu'un avis de cette
» intention aura été donné dans la forme prescrite ci-dessus
» pour une nouvelle élection du greffier.

» *Art.* 15. — Cette loi prendra son effet à partir du
» 4 juin 1863.

» Clifton, 20 avril 1863.

» Ch. Tureman, président.

» F. Tagliabue, secrétaire. »

Les lois minières d'un même État varient d'un district à l'autre, et dans un même district elles peuvent

être modifiées suivant les besoins, comme on vient de le voir. Toutefois les principes généraux qui leur servent de base sont les mêmes partout; ce sont : le droit pour tout habitant de l'Etat ou du Territoire d'obtenir gratuitement une concession et d'en acheter d'autres jusqu'à concurrence d'un certain nombre; la faveur accordée à ceux qui découvrent de nouvelles mines, d'avoir gratuitement non plus une, mais deux concessions, afin d'encourager ainsi la recherche des mines : le droit de faire des recherches sur la propriété d'autrui moyennant une indemnité pécuniaire pour les dommages qui peuvent être ainsi occasionnés : l'obligation d'exécuter sur les concessions obtenues une somme déterminée de travail dans un temps donné, sous peine d'être déchu de ses droits de concessionnaire; la possibilité d'acquérir la propriété définitive et perpétuelle d'une concession en y exécutant une certaine somme de travaux ; le droit de faire sur le terrain d'autrui et moyennant indemnité tous les travaux de conduite et d'aménagement des eaux pour la mise en mouvement des mills : dans certains États ou Territoires, des concessions de terrains sont également faites pour la construction des *mills*. C'est ainsi que la loi du district minier de Grégory (Colorado) fixe l'étendue des concessions pour l'emplacement des mills à 75 mètres carrés.

D'autres lois (dans le Colorado, par exemple) réservent une concession sur chaque filon comme étant la propriété des écoles du district.

Dans le Territoire d'Arizona, la loi des mines établit que lorsque quelqu'un dénoncera une mine comme étant abandonnée par son concessionnaire, il en sera donné avis pendant trois mois dans les journaux du voisinage, et après ce délai la mine *avec tout son matériel* appartiendra de droit à celui qui en aura dénoncé l'abandon : une concession double est même accordée à celui qui dénonce une mine abandonnée : cela prouve toute l'importance que l'on attache, dans la région du Pacifique, à ce que les richesses minérales ne restent pas inexploitées et inutiles.

Quant à l'étendue réglementaire des concessions, elle varie d'un État ou d'un Territoire à l'autre ([1]).

Dans l'État de Nevada, la concession est de 60ᵐ mesurés sur la trace du filon.

Dans le Territoire de Montana, les concessions réglementaires ne peuvent excéder 60 mètres, et la même personne ou compagnie ne peut posséder plus de 300 mètres sur un même filon.

La législature territoriale du Colorado a fixé les concessions à 30 mètres mesurés sur la longueur du filon, sauf le cas où les lois des districts les détermi-

[1] « *A pratical hand-book for miners, mettalurgists and essayers*, by Julius Silversmith. New-York. 1866.

neraient autrement. Pour le Territoire d'Idaho, les lois sont analogues à celles de Nevada.

Dans la loi territoriale d'Arizona, qui a dû prendre son effet à partir du 1er janvier 1865, les concessions sont fixées comme maximum à 183 mètres carrés (200 yards carrés) de superficie.

Quant à la propriété première de toutes ces mines, elle appartient aux États-Unis ; c'est là le principe fondamental de toutes ces législations locales. Les États-Unis concèdent la propriété de ces mines et le droit de les exploiter à ceux qui en font la demande suivant les formes prescrites pour chaque localité. Ces concessions ont été jusqu'ici gratuites, sauf les faibles sommes dues aux greffiers pour enregistrement et déplacement. Il pourrait se faire qu'une modification fût introduite à ce point de vue dans les lois de l'Union.

« L'attention du Congrès, dit M. Usher, le secrétaire de
» l'intérieur, dans son rapport au Congrès du 4 décembre
» 1864, a été fréquemment appelée sur l'importance qu'il
» y aurait à assurer un revenu au trésor national sur les
» produits des mines et des placers. Les lois de l'Espagne
» et du Mexique, d'accord avec les principes généralement
» acceptés dans les pays civilisés, attribuent la propriété de
» ces précieux dépôts au gouvernement qui exerce la sou-
» veraineté sur le sol..... Une sage politique nous conseille
» de lever un impôt sur ceux qui s'occupent à recueillir une
» richesse individuelle de cette propriété nationale..... Le

» prélèvement d'un droit de permission modéré pour toute
» personne engagée dans l'exploitation des placers sur le
» domaine public et d'une taxe raisonnable sur le produit
» de toutes les mines, taxe qui serait graduée suivant le
» prix de production, serait juste pour le gouvernement et
» satisfaisant pour les intérêts des mineurs.

» Quand on considère qu'une taxe nominale de un pour
» cent sur le produit actuel des mines donnerait un revenu
» plus considérable que celui produit maintenant par la vente
» des terres publiques, avec une dépense relativement petite
» pour la recueillir, et que le revenu prévu de cette source
» est si considérable, la maladresse qu'il y aurait à don-
» ner les terrains miniers en propriété aux mineurs appa-
» raitra sans doute à tous. Il ne faut cependant pas perdre
» de vue que le développement des ressources minérales de
» ces régions est encore dans l'enfance et que toute législa-
» tion qui portera sur ce sujet devra avoir pour objet d'aug-
» menter la production annuelle des métaux précieux, et
» devra dès son début être dirigée de façon à encourager
» le mineur, en lui donnant la sécurité dans ses possessions,
» la stabilité dans ses affaires, plutôt que d'obtenir un re-
» venu immédiat pour le Trésor. »

La question de l'impôt sur les mines a été soulevée
de nouveau récemment, par un des sénateurs du Congrès
américain : cette démarche a occasionné de vives ré-
criminations de la part de tous les mineurs du Pacifique, qui sont généralement opposés à la mesure
proposée. Ce bill n'a du reste pas encore été discuté
et n'a, par conséquent, pas encore reçu de sanction
légale.

III

PRÉPARATION MÉCANIQUE ET TRAITEMENT DES MINERAIS

Les minerais une fois extraits des filons et amenés au jour, il nous reste à indiquer quelles sont les opérations qu'on leur fait subir pour en extraire le métal : ces diverses opérations varient suivant les districts où on les effectue, et suivant qu'il s'agit de l'un ou l'autre des deux métaux qui nous occupent.

Traitement des minerais d'argent.

En ce qui concerne les minerais d'argent, on peut distinguer cinq séries d'opérations différentes, qui sont : 1° le triage; 2° la préparation mécanique ; 3° le rôtissage et la chloruration : 4° l'amalgamation : 5° la distillation de l'amalgame.

Triage. — Quel que soit le soin apporté par les mineurs à n'envoyer à la surface que les parties utiles du minerai qu'ils ont abattu, on comprend qu'il doit toujours y avoir une certaine quantité de matières stériles mélangées avec le minerai; ces matières provenant, soit de la gangue même des filons, soit du toit et du mur de ces filons; une fois le minerai arrivé à la surface du sol, il est donc indispensable d'en séparer ces matières sans valeur, dont le transport constituerait une dépense inutile, et qui ne sauraient être soumises au traitement métallurgique. En outre, il est indispensable de faire un triage du minerai proprement dit; en effet, le traitement que l'on fait subir à ces minerais dans les régions du Pacifique étant assez imparfait, certaines portions de ce minerai n'ont pas un rendement suffisant pour couvrir les frais du traitement; il faut donc les écarter, quitte à les reprendre plus tard quand on emploiera des procédés plus perfectionnés. Dans le Nevada, on élimine tous les minerais qui ne rendent pas 440 francs par 1.000 kilos [1], l'expérience ayant montré qu'au-dessous de ce rendement, le traitement constitue une perte.

[1] En admettant que le prix de l'argent en lingot soit de 220 fr. le kilogramme sur le lieu de production, on voit que cette teneur de 440 fr. par 1.000 kil. se traduit en poids par une teneur de 2 kil. à la tonne, ou de 200 grammes d'argent aux 100 kil., au minimum; or, on a traité régulièrement à Freyberg des minerais qui ne contenaient, en moyenne, que 200 grammes d'argent aux 100 kilogs; ce fait est la preuve de l'imperfection des procédés employés dans les régions du Pacifique.

Le triage des minerais est fait à la main et n'offre
en lui-même rien de particulier ; il doit s'effectuer autant que possible dans la mine.

Préparation mécanique. — Les minerais, après
avoir été triés et classés, sont soumis à la préparation
mécanique. Quelques-uns d'entre eux subissent préalablement un grillage. Cette préparation consiste simplement à bocarder les minerais, à les passer à travers
des cribles fins, puis à les laver sur des tables dormantes, où un courant d'eau sépare les parties légères
et stériles des parties plus lourdes et plus riches, qui
sont soumises à l'amalgamation. La préparation mécanique de ces minerais d'argent sulfurés, contenant
de l'arsenic et de l'antimoine, doit être faite avec grand
soin et ne pas être poussée trop loin. Car le choc des
pilons sur ces minerais en détache facilement des lamelles très-minces et très-légères, qui, lors de leur
passage sur les tables dormantes, sont entrainées par
l'eau avec les matières stériles et constituent une perte
en argent. Les bocards sont en général mûs par des
roues hydrauliques, l'eau pouvant généralement, dans
ces districts, donner la force motrice nécessaire ; quelques-uns, cependant, sont mûs à la vapeur.

Les minerais peuvent être bocardés, soit secs, soit
humides ; le bocardage à sec absorbe plus de force que
le bocardage des minerais humides ; il détériore plus
promptement les batteries dans lesquelles on l'opère.

et il occasionne toujours une perte de minerai sous forme de poussière.

Les premiers bocards installés dans ces régions. vers 1861. se composaient d'un trop petit nombre de pilons. et ces pilons étaient eux-mêmes trop légers: on a installé un très-grand nombre de ces ateliers dans ces dernières années, et on les a construits dans de meilleures conditions : les pilons pèsent actuellement de 180 à 408 kilos chacun.

Quelques-uns de ces ateliers travaillaient à façon les minerais que les mineurs leur apportaient : comme quelques-uns d'entre ces derniers n'avaient qu'une faible quantité de minerais, souvent de 900 à 1.800 kilos seulement. il en résultait qu'il fallait souvent arrêter le travail, nettoyer les pilons et leurs auges. pour recommencer à travailler un autre lot de minerai : de là une perte de temps considérable pour les ateliers : en outre, il n'y a là aucune espèce de garantie pour le mineur : on prépare son minerai à un prix fait d'avance : on lui remet le résultat de la préparation sans que la teneur du minerai ait été préalablement constatée par un essai et que le propriétaire du *mill* se soit engagé à produire un rendement déterminé d'après cette teneur ; le mineur. en présence des résultats provenant d'une mauvaise préparation. pouvait donc être amené à abandonner une mine bonne en elle-même : aussi les mineurs, au lieu de faire travailler à façon

leurs minerais, commencent-ils à les vendre d'après
essai. Ce système favorisera beaucoup le travail des
ateliers de préparation mécanique.

L'indication ([1]) des appareils dont se composent
deux des principaux ateliers du Nevada donnera une
idée de la manière dont sont organisés ces *mills* ([2]).

L'atelier, dit « *Birdsall and Carpenter's mill* », a
été construit en 1865. Il se compose d'une roue hy-
draulique de 15 ^{m} de diamètre : cette roue utilise la
force produite par 700 pouces d'eau, c'est à dire par
le débit d'une surface de 700 pouces carrés ou
0^m. 4375 sur une hauteur de 0^{m}15 d'eau : cette roue
met en mouvement 30 pilons pesant chacun 294 k. ;
le même atelier comprend 20 cuves d'amalgamation dont les arbres sont mûs par la même roue.
Cet atelier est desservi par 20 hommes ; il prépare
journellement 49 tonnes 83 de minerai. On y con-
somme chaque jour 23 m. c. de bois pour le chauffage des cuves d'amalgamation.

L'atelier connu sous le nom de « *Bacon's mill* » a
été construit en 1863. Il est mû par une machine à
vapeur de la force de 45 chevaux. Il renferme 20 pi-

([1]) « *American mining index.* » Janvier 1866.

([2]) On désigne, aux États-Unis, sous le nom de *mill*, l'ensemble
des appareils qui servent à préparer les minerais : moteur, bocards,
tables dormantes ; on comprend même dans cette dénomination fort
élastique, les appareils d'amalgamation et les fourneaux de grillage
et de réduction.

lons de 294 k. chacun et 17 cuves d'amalgamation :
il est desservi par 15 hommes et prépare 18 tonnes 12
de minerai par jour : la consommation journalière de
bois est de 69 m. c. 120. servant tant pour la production de la vapeur nécessaire au moteur que pour le
chauffage des cuves d'amalgamation. et coûtant environ 90 fr. Le bois de chauffage de première qualité
se vend. dans l'État de Nevada. à raison de 15 fr. la
corde (la corde = 11 m. c. 52).

Le manque de *mills* pour traiter les minerais se
fait vivement sentir dans les régions du Pacifique.
Dans le Nevada. où ces ateliers sont le plus nombreux.
les mineurs se plaignent de leur nombre beaucoup
trop petit par rapport aux quantités de minerais à
traiter. C'est ainsi qu'à Austin. les propriétaires de
certains mills ont exigé jusqu'à 414 fr. et 552 fr.
pour la préparation à façon d'une tonne de minerai :
il est évident que les minerais d'une richesse excep-
tionnelle pourraient seuls couvrir de tels frais. Dans
d'autres localités. où il existe une plus grande concurrence qu'à Austin. on paie de 66 fr. à 110 fr. par
tonne de minerai traité à façon (*).

Ce manque d'appareils nécessaires a produit un
autre résultat : n'ayant pas d'ateliers mécaniques à
leur disposition. les exploitants se sont mis à pulvé-
riser les minerais quartzeux à la main. dans des

(*) « The silver mines of Nevada. » New-York. 1865.

mortiers ordinaires en fonte; l'expérience a prouvé que beaucoup de gens gagnaient à ce travail de 25 fr. à 40 fr. par jour (1). On a construit dans San Francisco Canon, un bocard pour broyer le quartz, se composant de 4 pilons mus à la main. Un semblable bocard peut broyer de 180 à 225 kilog. par jour ; on en construit également qui sont mus par des chevaux. Ce qui fait surtout le succès de ces petits appareils, c'est qu'ils nécessitent de très-petits capitaux et rapportent de beaux bénéfices. Ce broyage à la main serait inapplicable à des minerais crus, il n'est possible que pour des minerais grillés.

On remarquera que ce manque d'ateliers de préparation et de production paralyse l'exploitation des mines du Pacifique, puisque les minerais, par suite de leur gangue quartzeuse, doivent forcément, avant de pouvoir être utilisés, subir un bocardage. Le manque de mills provient du manque de capitaux suffisants. Il ne faut pas perdre de vue que la construction de ces mills nécessite de grandes dépenses. Le prix de construction de ces ateliers dans le Nevada a varié de 50,000 fr. à 500,000 fr. On estime le prix d'un mill capable de réduire 20 tonnes de minerais par jour, à 125,000 fr. au moins. On estime également que le nombre de mills en opérations dans le seul État de

(1) « *The silver mines of Nevada.* » New-York. 1865.

Nevada était. au milieu de 1864. de 300 à 400, tous travaillant régulièrement et sans chômage ([1]).

Rôtissage et chloruration. — Les minerais argentifères sulfureux doivent tous être rôtis. pour que les opérations qu'ils ont à subir ensuite s'effectuent complétement : tous les essais faits dans les usines du Pacifique pour supprimer le rôtissage n'ont eu aucun succès. Pour les minerais contenant de l'argent natif ou les chlorures. bromures ou iodures d'argent, c'est-à-dire en général pour les minerais provenant de la surface des gisements. le rôtissage peut être supprimé. mais le rôtissage et la chloruration des minerais sulfureux sont indispensables : ils ont pour but de transformer l'argent de ces minerais en chlorure sur lequel le mercure. en présence du fer métallique, puisse opérer l'amalgamation : de plus, presque tous les minerais sulfureux argentifères contiennent, on l'a vu. de l'arsenic. de l'antimoine, du plomb. du cuivre, du zinc et quelquefois du manganèse : or, le rôtissage a pour effet de chasser quelques-uns de ces corps et de transformer les autres.

Cette opération s'effectue dans des fours à réverbères. ayant leur foyer en contre-bas de la sole. Le four étant chauffé au rouge, on y introduit une certaine quantité de minerai broyé : la charge varie suivant les dimensions du four. Ce minerai broyé a été préala-

([1]) « *The silver mines of Nevada.* » New-York. 1865.

blement mélangé avec du sel marin (chlorure de sodium) : la proportion de sel ajouté varie de 2 0/0 à 15 0/0, suivant la richesse du minerai. La charge une fois introduite dans le four, on la remue constamment avec un ringard : l'arsenic et l'antimoine se volatilisent sous forme de fumées blanches ; le soufre produit, avec l'oxygène de l'air, de l'acide sulfureux et de l'acide sulfurique ; ce dernier forme, avec les métaux des minerais, une certaine quantité de sulfates. On élève ensuite la température au rouge clair jusqu'à ce que le chlorure d'argent soit formé. Le rôtissage d'une charge de minerai de 225 kil. à 360 kil. dure de cinq à huit heures.

Ce rôtissage est une opération très-délicate, et qui donne lieu à des réactions multiples ; il demande à être conduit avec grand soin, car si on ne chauffe pas assez le minerai, une partie de l'argent reste à l'état de sulfate, ce qui constitue une perte, et si l'on chauffe trop, il se forme des grumeaux, et, lors de l'amalgamation, le mercure ne pourra s'emparer de l'argent qu'ils renferment.

La main d'œuvre est chère dans les districts du Pacifique et les ouvriers habiles y sont rares ; c'est pourquoi M. l'ingénieur Blatchly pense qu'il y aurait avantage à employer des fourneaux dans lesquels les minerais seraient remués mécaniquement, quelque chose de semblable, dit-il, aux fourneaux

employés en Angleterre dans l'usine de Pembry (¹).
Le rôtissage des minerais doit se faire avec plus ou
moins de soin, selon le procédé qui doit être employé
pour leur amalgamation.

Amalgamation. — L'amalgamation est l'opération
qui suit le rôtissage des minerais. Elle a pour but,
comme on le sait, de mettre l'argent en contact avec
le mercure pour lequel ce métal a une grande affinité :
on forme ainsi un alliage d'argent et de mercure qu'on
désigne sous le nom d'*amalgame d'argent*, et qui
renferme la totalité du métal précieux que contenait
le minerai grillé et pulvérisé. L'amalgamation se fait
de trois façons différentes dans les régions du Pacifique :

1° Dans des barils :

2° Dans des tubes en bois :

3° Dans des cuves en fontes.

Les deux premiers procédés sont employés exclusivement pour le traitement des minerais rôtis : le troi-
sième procédé sert indifféremment pour les minerais
rôtis ou non rôtis. Nous allons indiquer brièvement
ces trois manières de procéder, sans nous arrêter aux
détails de chaque opération.

Amalgamation dans les barils. — Les barils dont
on se sert ont un diamètre de 1ᵐ. 20 environ et une

(¹) « *The silver districts of Nevada,* » contenant les extraits du
rapport de M. Blatchly.

hauteur égale à leur diamètre; ils sont formés de douves de bois très-épaisses; ils sont traversés, suivant leur axe, par un arbre vertical autour duquel ils peuvent tourner. Plusieurs de ces barils sont disposés les uns à côté des autres, de façon à recevoir le mouvement d'un même arbre de couche commandé par le moteur de l'atelier.

On charge dans chaque baril environ :

Minérai pulvérisé et chlorure. . . . . 1000 kilos.
Fer forgé en petits morceaux. . . . . 114 —
Eau . . . . 350 à 400 —

On ferme la bonde de chaque baril, et on les fait tourner pendant deux heures, à raison de quatorze révolutions par minute. Au bout de ce temps, on introduit dans chaque baril environ 500 kilog. de mercure: on ferme, et on fait tourner un peu plus vite que précédemment et pendant en moyenne treize heures.

Les réactions qui se produisent dans cette opération sont très-simples. Avant l'introduction du mercure, le fer métallique décompose le chlorure d'argent renfermé dans le minerai rôti, forme du chlorure de fer, et laisse l'argent libre à l'état métallique. Le mercure qui est ensuite introduit s'empare de cet argent pour former un amalgame d'argent. L'emploi du fer a pour objet d'éviter une perte considérable de mercure: si on introduisait le mercure dans le baril en même temps que le minerai et l'eau, et sans y introduire du fer, le mercure décomposerait le chlorure d'argent tout comme fait le fer, et précipiterait ensuite l'argent à l'état métallique; mais tout le mercure passé à l'état de chlorure serait perdu.

Lorsque l'opération dans les barils est finie, on extrait l'amalgame et le mercure qui s'est trouvé en excès; on les presse dans des poches en peau de daim ou dans un sac de coutil serré: le mercure libre passe à travers la peau ou le coutil, tandis que l'amalgame reste à l'intérieur. On verra plus loin ce que l'on en fait.

Les résidus qui restent au fond des barils sont recueillis et lavés avec de l'eau dans laquelle on les agite pour recueillir tout le mercure qui pourrait y rester. On a imaginé différents appareils pour agiter mécaniquement ces résidus dans l'eau; mais aucun ne paraît avoir donné des résultats très-satisfaisants (¹).

Amalgamation dans les tubes. — Ce procédé est basé sur le même principe que le précédent: il n'en diffère que par la disposition des appareils qui servent à l'effectuer, et aussi par la substitution du cuivre au fer pour réduire le chlorure d'argent. Ces tubes sont en bois et ont 1ᵐ,20 de diamètre et 1ᵐ,20 de hauteur, de sorte qu'en somme on voit qu'ils diffèrent peu des barils quant à leur forme extérieure. Au mi-

---

(¹) « *A pratical hand-book for miners, metallurgists and assayers,* » by Julius Silversmith, New-York, 1866.

lieu de chaque tube, il y a un arbre en fer suspendu du dehors et qui porte trois bras à angles droits : à chaque bras sont attachées trois plaques de cuivre qui pendent verticalement dans le tube et concentriquement les unes avec les autres. Les neuf plaques de cuivre qui existent ainsi dans chaque tube forment une surface totale de cuivre de près d'un mètre carré. Le fond du tube est formé d'une plaque de fer percée de trous : ces trous sont destinés à permettre l'introduction de la vapeur pour chauffer l'amalgame : cette chaleur a pour effet d'activer l'opération : l'amalgamation dans ces tubes se fait plus rapidement que dans les barils, et l'amalgame que l'on en obtient est aussi plus pur, dit M. Blatchly (¹), que celui qui provient des barils; ces appareils absorbent moins de force que les barils pour leur mise en mouvement, mais la perte de mercure est plus grande dans les tubes que dans les barils : cela provient sans doute de ce qu'on y introduit le mercure dès le commencement de l'opération avec le reste de la charge. Ces appareils portent le nom de « tubes du Dʳ Veatch ».

Amalgamation dans les cuves en fonte. — Les cuves (*iron pans*) qui sont employées pour effectuer ce mode d'amalgamation sont de différents systèmes : elles sont cylindriques : leur diamètre varie de 1ᵐ.20 à 1ᵐ.80 : leur hauteur est de 0ᵐ.60 à 0ᵐ.90 : au

____
(¹) Dans son mémoire déjà cité.

centre est un axe vertical qui reçoit un mouvement de
rotation au moyen d'un engrenage et d'un arbre de
couche qui règne sous toutes les cuves, lesquelles sont
disposées en prolongement les unes des autres et souvent le long du bord inférieur des tables dormantes,
afin d'éviter toute main-d'œuvre inutile ; à l'arbre
vertical de la cuve sont fixés des bras qui portent à
leur extrémité inférieure des molettes ; celles-ci pres-
sent sur le fond de la cuve et sont destinées à broyer
en quelque sorte l'amalgame. Le fond de la cuve est
recouvert de plaques mobiles en fer qu'on peut ainsi
changer quand elles sont usées ; un tuyau qui traverse
la cuve vers le fond permet de chauffer l'amalgame à
environ 100° centigrades, au moyen d'un courant de
vapeur ; des robinets sont convenablement disposés pour
permettre l'extraction de l'amalgame et des résidus.

La charge de minerai chloruré introduite dans ces
cuves varie, suivant leur capacité, de 230 à 450 kilog. ; on y ajoute une quantité d'eau suffisante ;
on fait alors tourner la cuve pendant environ une
heure ; les réactions indiquées précédemment se produisent, sauf que la réduction du chlorure d'argent du
minerai est faite ici par le fer même de la cuve, ce qui
dispense d'introduire de la ferraille dans la charge ; on
ajoute alors le mercure, environ 27 kilog. pour une
charge de 230 kilog. de minerai ; on fait tourner la
cuve ; au bout de 4 à 7 heures les réactions sont ter-

minées ; on extrait alors l'amalgame et le mercure en excès, puis les résidus ; l'amalgame est pressé, comme il a déjà été dit, pour en séparer le mercure libre et on en extrait ensuite l'argent.

Ce procédé s'applique aux minerais rôtis ou non rôtis, tandis que les deux précédents s'appliquent exclusivement à des minerais rôtis ; les inconvénients qu'il présente sont : d'abord que la mise en mouvement de ces cuves absorbe une force motrice assez considérable, et, de plus, que la perte du mercure est plus grande dans ce cas que celle résultant de l'emploi des tubes et des barils ; la perte en mercure dans tous ces procédés est d'autant plus considérable que l'amalgame a été broyé davantage ; il se fractionne alors en petits grains qu'il est impossible de séparer des résidus et entraîne avec lui l'argent qu'il renferme. Cet inconvénient a déjà été signalé dans les ateliers d'amalgamation des minerais d'or en Californie ; il est encore exagéré là par les procédés employés pour former l'amalgame.

Les cuves d'amalgamation en fonte, dans lesquelles on traite des minerais grillés, sont promptement usées au contact des dissolutions acides qu'elles sont appelées à contenir ; leurs fonds se percent avec rapidité ; malgré la précaution qu'on prend de recouvrir ces fonds de plaques mobiles, ils ne durent guère plus de six mois. Pour obvier à cet inconvénient, qui se tra-

duit par une dépense importante, on a imaginé, à
Virginia City, de construire des cuves recouvertes in-
térieurement d'un émail qui résiste à la fois aux chocs,
à l'action des acides et à la chaleur. On estime que
leur durée sera triple de celle des cuves ordinaires(¹).

L'amalgamation par le procédé mexicain n'est que
très-rarement employé dans les régions du Pacifique :
nous ne mentionnons ici ce procédé que pour mémoire.

L'amalgame d'argent qu'on obtient comme résultat
de ces différents modes d'opération est solide : on en
forme des briques que l'on expédie à San Francisco,
où l'on en extrait l'argent. Cette extraction se fait directement sur place dans quelques ateliers; à cet effet,
l'amalgame est distillé dans des cornues en fonte;
le mercure qui se dégage est recueilli, et il reste dans
la cornue de l'argent impur; on l'affine dans des
creusets par les méthodes ordinaires.

M. Blatchly pense que la méthode d'Augustin serait
le traitement qui s'appliquerait le mieux aux minerais
du Nevada. Cette méthode consiste à griller le minerai
avec du chlorure de sodium : le chlorure d'argent qui
est ainsi formé est dissous dans une dissolution chaude
de sel marin, et on précipite ensuite l'argent par le
cuivre métallique. Cet argent est affiné dans des
creusets comme celui qui provient de la méthode d'a-

(¹) « American mining index. » New-York, Janvier 1866.

malgamation. Cette méthode, comme on le voit, n'a en vue que l'extraction de l'argent et ne s'applique pas aux minerais qui contiennent à la fois de l'argent et de l'or. Elle offre un avantage digne de considération dans les districts qui nous occupent, c'est qu'elle nécessite très-peu de force motrice.

Différents procédés spéciaux ont été introduits dans les divers États ou Territoires du Pacifique pour le traitement des différents minerais : une des tentatives les plus importantes paraît être celle de M. Lyon, qui vient de construire dans le Territoire de Colorado une usine importante comprenant 5 foyers écossais (*scotch hearths*) pour le traitement des galènes ; 2 fours à reverbères pour le traitement des minerais pyriteux et 2 fours de coupelle pour le travail du plomb d'œuvre riche provenant des autres fourneaux. Cette usine est destinée à travailler environ 23 tonnes de minerais par jour ; elle a coûté une somme de 750,000 francs (¹).

Traitement des minerais d'or.

Les quartz aurifères des différents districts du Pacifique sont soumis à une série d'opérations tout

(¹) « *American mining index.* » Janvier 1866.

analogues à celles que nous venons d'indiquer pour
les minerais d'argent, sauf la chloruration : les mêmes
mills travaillent indifféremment des minerais d'or ou
d'argent, suivant les circonstances locales : l'amalgamation de ces minerais se fait presque toujours dans
les cuves en fonte « *iron pans* ». Quelquefois, cependant,
on l'effectue directement dans les batteries de bocards,
mais c'est là un procédé défectueux. Il faut également
mentionner, quoiqu'elle soit rarement employée dans
les régions du Pacifique, la méthode d'amalgamation
mexicaine (à *l'arastra*).

On applique aux États-Unis, au traitement des
minerais d'or, un procédé qui est basé sur l'affinité
énergique que l'or possède pour le plomb. Cette méthode supprime l'emploi du mercure qui est cher et
dangereux ; elle paraît avoir été expérimentée tout
d'abord à Chicago. M. W.-M. Potter est le titulaire
du dernier brevet pris à ce sujet : voici le résumé de
sa méthode et les considérations sur lesquelles elle est
basée (¹) : le plomb offre, dans certains cas, les avan-
tages suivants sur le mercure pour l'extraction de
l'or : le mercure mis en contact avec un minerai d'or,
ne dissout que les parcelles d'or brillantes qui ne sont
pas recouvertes par des corps étrangers, tels que la
gangue du minerai ou des pyrites de fer, de telle façon

« *American mining index.* — Janvier 186..»

qu'il y a une perte d'environ 1/5 de l'or contenu dans le minerai ([1]). Le plomb, au contraire, forme un alliage complet avec l'or, et dissout les substances étrangères qui empêchent le mercure d'agir sur l'or. Le procédé imaginé par M. Fuller pour réaliser ce mode de traitement est le suivant : Le plomb est placé dans une chaudière fermée, où on le chauffe pour l'amener en fusion; au moyen d'une pompe, on fait le vide dans la chaudière au-dessus du plomb et le quartz aurifère pulvérisé est introduit dans cette chaudière par la pression atmosphérique, au moyen d'un tuyau muni d'une trémie : il traverse le plomb fondu et lui abandonne tout l'or qu'il renferme ; quand le quartz débarrassé de l'or qu'il contenait, s'est accumulé sur une certaine épaisseur au-dessus du plomb, il est amené, par un tuyau disposé à la hauteur voulue, dans un récipient spécial où s'accumulent les résidus. On traite ensuite l'alliage de plomb et d'or pour en extraire ce dernier métal : cette séparation se fait par coupellation.

Un autre procédé a été appliqué — principalement

([1]) Cette assertion est confirmée, en partie tout au moins, par ce fait que les exploitants de la Californie ont déjà signalé la perte énorme d'or résultant du mode de traitement imparfait dont on se sert dans ce pays, traitement qui est semblable à celui qu'on emploie dans les régions du Pacifique ; l'attention des hommes compétents a même été appelée sur ce point en vue d'arriver à trouver un procédé qui diminue ces pertes.

en Californie—au traitement des résidus. On soumet
ces résidus à un rôtissage fait avec soin et sans y
ajouter de sel marin ; on les imbibe d'eau et on les
introduit dans des tubes de bois à doubles fonds, où
on les soumet à l'action d'un courant de chlore ga-
zeux ; quand toute la masse en est saturée, on ferme
le couvercle du tube pendant 10 ou 15 heures : on y
verse alors de l'eau et on ouvre le robinet de décharge
du tube : l'eau s'écoule en entrainant tout l'or à l'état
de chlorure soluble : on la recueille et on précipite
l'or à l'état métallique, par l'addition de sulfate de fer.

Si les résidus contiennent de l'argent, cet argent
reste à l'état de chlorure insoluble dans la matière
solide, et, pour l'extraire, il faut reprendre les résidus
par une solution chaude de sel marin et en précipiter
l'argent au moyen de cuivre métallique (¹).

Le nombre des ateliers occupés dans le Nevada, le
Colorado, l'Idaho, etc. à traiter les minerais aurifères,
est très-considérable. On estime que dans le Territoire
de Colorado le traitement des quartz aurifères rap-
porte, en moyenne, de 30 fr. à 40 fr. par jour, par
pilon de bocard.

A l'usine de M. W. Waddingham et Cie (dans le territoire d'Idaho), le traitement, par mois, de 815 tonnes
de quartz aurifère ayant une teneur de 137 fr. 95 par

(¹) « A pratical hand book for miners, metallurgists and assayers, »
par Julius Silversmith, New-York, 1866.

tonne, couvre tous les frais (d'extraction, de traitement, de frais généraux) et donne un bénéfice de plus de 1 1/4 pour 100 par mois, soit 15 0/0 par an aux actionnaires : le capital de cette compagnie est de 3,000,000 de francs [1].

Nous avons indiqué dans les pages précédentes les conditions principales des gisements du Pacifique, les méthodes employées jusqu'ici pour leur exploitation et les procédés appliqués au traitement des minerais qu'on en a extraits. Toute personne quelque peu familière avec ces questions, aura pu voir que l'exploitation de ces gisements est, comme le reconnaissent les Américains eux-mêmes, dans un était tout-à-fait primitif : sauf de rares exceptions, on ne voit dans les méthodes appliquées jusqu'à présent à l'exploitation proprement dite de ces mines, d'autre préoccupation dominante que celle d'extraire des minerais capables

[1] « *American mining index.* » Janvier 1866.

de subvenir, s'il est possible, au besoin des exploitations, au fur et à mesure qu'ils se présentent ; la plupart des gisements n'ont encore subi que des travaux très-peu considérables et destinés surtout à mettre leur valeur en relief ; le nombre des *mills* en état de fonctionner dans les différents États ou Territoires, est tout à fait insuffisant à traiter les quantités de minerais extraites des différentes mines, malgré les résultats fort satisfaisants obtenus par un grand nombre d'entre eux ; quelque anormal que ce fait puisse paraître, surtout dans un pays où l'esprit d'initiative est aussi développé qu'aux États-Unis. Il y a un certain nombre de raisons à en donner. La première de toutes, c'est que le pays dans lequel ces mines existent a une étendue immense. — 1,600 kilomètres carrés environ ; — or, les recherches entreprises ne remontant qu'à cinq ou six ans, ont dû être forcément concentrées en de certains points relativement peu nombreux et groupés dans les régions offrant les facilités voulues pour l'exploitation des gisements.

L'éloignement de ce pays et la difficulté des transports retardent aussi beaucoup le développement de ces districts miniers ; il ne faut pas perdre de vue que, bien que ces pays fassent partie des États-Unis, ils sont loin de jouir des facilités de communication et des moyens de transport qui existent pour le reste de l'Union, et qu'on ne peut y arriver, soit de l'Europe,

soit des États à l'Est de l'Union américaine, que par
la voie du Pacifique et après avoir franchi l'isthme de
Panama; il en sera ainsi jusqu'à l'accomplissement du
tronçon Est du chemin de fer du Pacifique.

Comme conséquence naturelle de ces deux circonstances, il faut mentionner le manque de capitaux :
les capitalistes des États-Unis hésitent à engager leur
argent dans des opérations aussi lointaines et qu'ils ne
peuvent surveiller par eux-mêmes sans entreprendre
de longs voyages ; à mesure que les mines auront
mieux prouvé leur richesse, et que les désastres finan-
ciers occasionnés par la guerre auront été réparés,
cette répugnance diminuera en présence des gains
énormes qui peuvent être réalisés dans ces entreprises,
ainsi que l'ont déjà montré plusieurs exemples.

Enfin, les Américains se plaignent du manque
d'hommes spéciaux pour diriger ces exploitations ; elles
ont été, en partie du moins jusqu'ici, conduites par
des hommes ayant sans doute une grande pratique de
l'exploitation des mines, mais auxquels les connaissances théoriques (plus indispensables que jamais
dans des régions nouvelles où presque tout est à créer)
font défaut ; pour parer à l'avenir à cet inconvénient,
les Américains ont fondé récemment à New-York une
école spéciale, le *Columbia College*, qui produira des
ingénieurs capables d'exploiter les mines dans les
conditions les plus avantageuses.

Il est résulté de tous les motifs précédents que l'exploitation des mines des districts du Pacifique a été jusqu'ici une affaire bien plutôt commerciale qu'industrielle. Néanmoins on pourra juger de l'importance de ces gisements, par les sommes qu'ils ont produites dans ces derniers temps, et on pourra conclure de là quels résultats ils produiraient dans des conditions normales d'exploitation, et lorsque le prix des objets de première nécessité y aura diminué sensiblement. Quelques chiffres suffiront à fixer les idées à cet égard.

Les exportations de lingots d'or et d'argent de l'État de Nevada se sont élevées, pendant l'année 1864, à 150 millions de francs. Le filon de Comstock, à lui seul, a fourni, pendant la même année, une quantité de métaux précieux représentant une valeur de 120 millions de francs ([1]). La ville d'Austin a expédié une valeur en lingots de 400.000 francs, pendant le mois de Février 1865, et de 525.000 francs, pendant le mois de Mars de la même année ([2]).

Le directeur de la Monnaie de San Francisco a publié un tableau où sont indiquées les quantités d'or et d'argent expédiées à cet établissement pendant l'année 1865, et qui y ont été travaillées. Nous en extrayons

[1-2] « *The silver districts of Nevada.* » On a vu, page 33, le relevé des sommes produites pendant le premier trimestre de 1865 par quelques mines situées sur ce filon.

les chiffres suivants représentant les quantités d'or et
d'argent expédiées par les différents États ou Territoires
qui nous occupent :

Or	— Idaho	15,805,661 fr.	10 c.
	Oregon	5.976,330 fr.	45 c.
	Montana. . . .	1.373,933 fr.	30 c.
	Nevada	75,675 fr.	45 c.
	Arizona	152.057 fr.	85 c.
Argent	— Nevada	1,850,122 fr.	20 c.
	Idaho	59,809 fr.	50 c.
	Oregon	26.662 fr.	05 c.

Ce ne sont là, comme on voit, que de faibles parties des quantités de lingots produites : le reste a été
expédié directement de San Francisco, soit aux États-
Unis, soit en Europe.

Le seul district de Reese River, Nevada, avec les
procédés de réduction tout à fait insuffisants que nous
avons indiqués, expédie, en moyenne, une valeur de
875.000 francs à 1.000,000 par mois. L'atelier dit
« *Pioneer Mill* », à Austin, a traité, du 1er Juillet
1864 au 1er Janvier 1865, environ 592 tonnes de
minerai qui ont donné un rendement brut de 319,196 fr.
65 c., soit une moyenne de 539 fr. 50 c. par tonne
de minerai traité ([1]).

La quantité totale de lingots expédiée en Avril 1864
de Virginia City à San Francisco représentait une va-

([1]) « *The silver districts of Nevada.* »

leur de 4.285,432 fr. 80 c.; pendant les huit premiers jours de mai 1864. Virginia City a expédié à San Francisco une valeur de 1.511,323 fr. 70 c. représentés par un poids d'environ 5.438 kilog. d'argent en lingots (¹).

La mine de *Gould et Curry* a réparti entre ses actionnaires, comme dividendes, les sommes suivantes :

en 1863 . . . . 7,000,000 fr.
en 1864 . . . . 7,200,000 fr.
en 1865 . . . . 3,090,000 fr.

Il serait facile de multiplier ici les chiffres destinés à donner une idée de l'importance des mines du Pacifique : nous espérons en avoir dit suffisamment pour que chacun ait pu se faire une idée sommaire de l'importance de ces gisements : ce qui manque là, ce n'est point assurément le champ de travail, ce ne sont pas non plus les bras nécessaires aux travaux à exécuter, ce sont les ressources matérielles, et aussi, en partie du moins et momentanément, les connaissances techniques indispensables à la conduite actuelle de ces exploitations et au ménagement de leur avenir.

---

¹ *The silver mines of Nevada.*

TABLE.

VERSAILLES. — IMPRIMERIE CERF, 59, RUE DU PLESSIS.

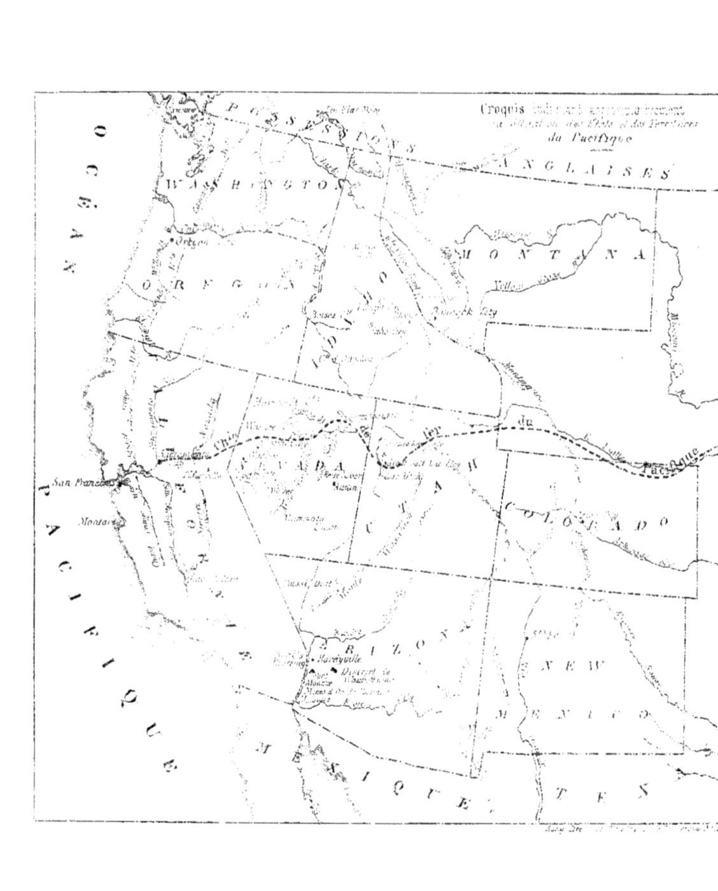

OCÉAN PACIFIQUE
POSSESSIONS ANGLAISES
Croquis indiquant approximativement la situation des États et des Territoires du Pacifique
WASHINGTON
OREGON
IDAHO
MONTANA
NEVADA
CALIFORNIE
COLORADO
UTAH
ARIZONA
NEW MEXICO
ÉTATS-UNIS
MEXIQUE
San Francisco
Monterey
Hardyville
Chemin du Pacifique

www.ingramcontent.com/pod-product-compliance
Ingram Content Group UK Ltd.
Pitfield, Milton Keynes, MK11 3LW, UK
UKHW031828170726
13836UKWH00004B/1564